AF270110

"No puedo imaginar la cantidad de matrimonios que sanarán o se fortalecerán con este valioso libro. El dolor golpea incluso al matrimonio más fuerte. Lo he experimentado. Mi esposa y yo luchamos contra olas de dolor que azotaban nuestra casa, y ojalá hubiéramos tenido este libro, con su combinación de verdad bíblica y consejos prácticos, como recurso durante nuestra dolorosa experiencia".

MARK VROEGOP, pastor principal de College Park Church, Indianápolis; autor de *Nubes oscuras, misericordia profunda*

"Jeff y Sarah conocen de primera mano el sufrimiento y las pruebas en el matrimonio. Como queridos amigos, ofrecen palabras de profunda humanidad y comprensión frente a las circunstancias dolorosas, pero brindan esperanza a través de la verdad bíblica eterna. Si tu matrimonio está atravesando un tiempo de crisis o si quieres fortalecer tu relación matrimonial para los días inciertos que se avecinan, este libro es un regalo".

LAURA WIFLER, cofundadora de Risen Motherhood; coautora de *Maternidad redimida: La esperanza del evangelio para momentos cotidianos.*

"Ofrece una sólida sabiduría de las Escrituras para perseverar en las dificultades que se presentan en todo matrimonio en algún momento de la vida real. Jeff y Sarah alientan con entusiasmo a las parejas a fijar un rumbo hacia la felicidad duradera a pesar del dolor, hacia la satisfacción duradera a pesar de la decepción y hacia la esperanza duradera con la expectativa de la restauración final".

NANCY GUTHRIE, maestra de la Biblia; autora de *Santos y sinvergüenzas en la historia de Jesús*

"Cuando declaramos nuestros votos, en realidad no esperábamos enfrentar la parte difícil de la ecuación. Las circunstancias dolorosas pueden causar fracturas de estrés incluso en el matrimonio más fuerte. Jeff y Sarah saben por experiencia propia cómo es recorrer este camino. Su consejo va más allá de superficialidades sin sentido y muestra a los lectores una verdadera fuente de ayuda y esperanza. Sabio, sólido y práctico, este libro es un recurso de gran ayuda".

MARY KASSIAN, autora de *La verdadera fortaleza* y *Chicas sabias en un mundo salvaje*

"¡Qué regalo excelente para cualquier pareja casada que experimente lo que el autor de un himno denominó la 'providencia de Dios con el ceño fruncido!'. Por su propia experiencia, Jeff y Sarah pueden mostrarnos que, incluso en los días más difíciles, Dios es bueno y podemos confiar en Él".

BOB LEPINE, presentador de FamilyLife Today

"Hace años que ministro con el evangelio a esposas heridas para animarlas en medio de sus dolorosas tormentas matrimoniales. He hablado de una variedad de libros con ellas, pero ninguno ha logrado lo que han hecho Jeff y Sarah con *Juntos a través de las tormentas*. Han contado su historia de terrible sufrimiento de una manera tan magistral, que lleva al lector a sentir que son amigos sabios y dignos de confianza, que brindan ánimo, y humildes seguidores de Jesús. ¡Este libro es una joya! No te limites a leerlo; saboréalo".

ELLEN DYKAS, Harvest USA; autora de *Sexual Sanity for Women*

"Sarah y Jeff escriben incluso en medio de la dureza de la vida y hablan de *tus* tormentas. El único problema es este: no podrás regalar este libro a tus amigos porque tú y tu cónyuge querrán volver a hacer las oraciones que aparecen al final de cada capítulo. Cada pareja que haga esas oraciones juntos será transformada".

ED WELCH, consejero de la fundación CCEF; autor de *Cuando la gente es grande y Dios es pequeño* y *Lado a lado*

"Jeff y Sarah saben lo que es vivir bajo una presión constante. En este libro emplean su conocimiento adquirido con esfuerzo y sabiduría bíblica para motivar a la pareja a aferrarse un poco más, no solo el uno al otro, sino principalmente a Cristo. Leerlo fue una bendición, ¡hay mucho para subrayar!".

RACHEL WILSON, coautora de *The Life We Never Expected*

"Jeff y Sarah Walton cuentan sus experiencias de pérdida del trabajo, enfermedades crónicas, heridas emocionales del pasado, depresión, intimidad, identidad e hijos, y muestran cómo Dios sigue siendo fiel en medio de las tormentas. Las preguntas, las oraciones y los pasajes bíblicos al final de cada capítulo fomentarán la comunicación abierta con tu cónyuge y te recordarán que no estás solo en tus tormentas, que debes aferrarte a la esperanza y seguir adelante. Tus mejores días están por venir".

KIRK CAMERON, actor; productor

"El matrimonio es un regalo maravilloso de Dios, pero puede ser un lugar de insoportable dolor. Jeff y Sarah saben qué es hallar esperanza en medio del dolor. El fruto de esta esperanza se encuentra en este libro de gran ayuda. De una forma sincera, sensible y bíblicamente fiel, nos animan a encontrar valor en Dios. Tarde o temprano enfrentarás pruebas. Este libro te ayudará a poner tu fe en el lugar correcto".

PAUL Y EDRIE MALLARD, pastor de Bautista Widcombe
Church, Bath, Reino Unido; autor de Invest Your Suffering

"Este libro no transmite una visión idealizada del matrimonio, sino más bien un delicado relato de fracasos, temores y dudas, y una maravillosa visión del Dios que nos fortalece a través de ellos. Esta extraordinaria sabiduría ofrece verdadera ayuda y esperanza a las parejas que atraviesan sufrimiento".

VANEETHA RISNER, autora de The Scars That Have Shaped Me

"Este libro crudo y delicado alumbra con esperanza y verdad cada una de nuestras vidas y nuestros matrimonios y familias. Será una verdadera bendición para cualquiera que esté pasando por pruebas".

PAUL Y RACHEL DALE, pastor principal de
Church by the Bridge (Paul), Sydney, Australia

"Sarah y Jeff nos invitan a entrar a sus corazones de la manera más humilde y beneficiosa. Prepárate para verte reflejado en estas páginas y, lo que es más importante, para ver a Cristo".

JON Y QUINA ARAGON, copropietario de Native Supply (Jon),
autora de Love Made (Quina)

"Fresco, perspicaz y cautivante. Mientras aún estaban en las trincheras, Jeff y Sarah hallaron esperanza y unión donde otros se encontraban abrumados por la división y desesperación. Este libro te ayudará a ver lo que es posible cuando dos personas, que enfrentan problemas, buscan sinceramente la ayuda de Cristo".

COLIN S. SMITH, pastor principal de The Orchard Evangelical Free Church, Arlington Heights, Illinois; presidente de Unlocking the Bible

"Gran parte de la consejería matrimonial es ayudar a las parejas a atravesar el sufrimiento. Las preguntas, las oraciones y las Escrituras sugeridas hacen de este libro un recurso ideal para cualquier persona que necesite esperanza cuando la luz parece apagarse".

JONATHAN HOLMES, pastor de consejería de Parkside Church, Chagrin Falls, Ohio; autor de *Counsel for Couples*

"Un libro fenomenal que alienta, reta y brinda esperanza. Cada página te recordará que Cristo está contigo en medio de las aguas turbulentas. ¡Cada pareja debería disponer de un ejemplar!".

MARK Y LAURA PRICE, cuatro veces jugador estrella de la NBA, 1994 Dream Team II (Mark)

"Un don poco común: empatía, conocimiento bíblico, sinceridad y ayuda práctica para enfrentar las pruebas. Un recurso que todo matrimonio necesita".

RUTH CHOU SIMONS, autora de *GraceLaced* y *Beholding and Becoming*

"Un libro hermoso, audaz y sabio. Ya sea que tengas un matrimonio fácil o difícil, ¡debes leer este libro! No encontrarás respuestas fáciles, sino algo mejor: la inspiradora historia de una pareja casada decidida a honrar a Dios y amarse uno al otro en medio de todas las dificultades de la vida".

GARY THOMAS, autor de *Matrimonio sagrado* y *Valorar*

"Sincero y transparente, este libro inigualable ayudará y fortalecerá cualquier matrimonio que necesite soportar las tormentas".

CAMERON COLE, autor de *Aún hay esperanza*

Juntos a través de las **tormentas**

Palabras de aliento para tu matrimonio

JEFF & SARAH WALTON

EDITORIAL PORTAVOZ

Publicado originalmente en inglés por The Good Book Company, con el título *Together through the Storms*, copyright © 2020 por Jeff y Sarah Walton. Traducido con permiso. Todos los derechos reservados.

Edición en castellano: *Juntos a través de las tormentas* © 2021 por Editorial Portavoz, filial de Kregel Inc., Grand Rapids, Michigan 49505. Todos los derechos reservados.

Traducción: Rosa Pugliese

EDITORIAL PORTAVOZ
2450 Oak Industrial Drive NE
Grand Rapids, Michigan 49505 USA
Visítenos en: www.portavoz.com

ISBN 978-0-8254-5963-4 (rústica)
ISBN 978-0-8254-6899-5 (Kindle)
ISBN 978-0-8254-7747-8 (epub)

1 2 3 4 5 edición / año 30 29 28 27 26 25 24 23 22 21

Impreso en los Estados Unidos de América
Printed in the United States of America

CONTENIDO

Prólogo

Robert Wolgemuth y Nancy DeMoss Wolgemuth

Cuando mi difunta esposa y yo (Robert) nos mudamos al centro de Florida, descubrimos rápidamente que no se trata de si, sino de cuándo llegarán los temidos huracanes estacionales. No se pueden evitar, pero tampoco tienen que tomarnos desprevenidos. Bobbie y yo aprendimos cómo tomar las precauciones necesarias antes de que llegaran las tormentas, qué hacer en medio de los vientos fuertes y las lluvias torrenciales, y cómo proceder con la limpieza y las reparaciones necesarias después que pasara la tormenta.

En lo que respecta a las tormentas de la vida, ya sean literales o metafóricas, no se trata de si ocurrirán, sino de cuándo ocurrirán. Nosotros (Nancy y Robert) hemos visto esto una y otra vez, tanto en nuestras propias vidas como en la vida de los demás. Jesús mismo dijo que esto sería así. Lloverá, vendrán inundaciones y soplarán vientos, y azotarán nuestra casa y la tuya (ver Mateo 7:24-27).

Cuando estas tormentas llegan sobre los que estamos casados, la estructura de nuestra relación y nuestro hogar puede sufrir daños colaterales o, por la misericordia y la gracia de Dios, puede volverse aún más fuerte.

Afortunadamente, Aquel que creó la lluvia y el viento, el que ordena y desata el viento tempestuoso y que, cuando le place, calma la tormenta (Salmos 107:25, 29), no nos ha dejado solos frente a las tempestades de la vida. Nos ha dado todo lo que necesitamos para edificar nuestro hogar sobre la clase de fundamento que evitará que caiga cuando las tormentas lo azoten.

En el transcurso de dieciséis años de matrimonio, Jeff y Sarah Walton han recibido el azote de una tormenta tras otra. Vientos huracanados que parecían implacables y lluvias torrenciales han azotado a su familia y, a veces, los han sacudido tanto que sintieron que corrían peligro de hundirse. Sin embargo, a través de esos tiempos tumultuosos, en parte *debido a* esas tormentas, su fe y su matrimonio se han vuelto aún más firmes y seguros.

Desde el crisol de su propia historia, este volumen desvela la pura verdad sobre los sueños y las expectativas frustrados y, como descubrirás, sobre la esperanza que resulta de aferrarse con fuerza a Cristo y a su Palabra, incluso cuando las tormentas nos azotan por todos los frentes.

El libro (o el dispositivo electrónico) que tienes en la mano contiene la sabiduría y el aliento que prácticamente todas las parejas necesitarán a lo largo del camino, porque no es posible estar casado por mucho tiempo y no enfrentar, tarde o temprano, circunstancias que amenazan con aplastarte. Jeff y Sarah hablan con franqueza sobre las esperanzas truncadas, la depresión, estar uno al lado del otro cuando los hijos sufren, sobrellevar la angustia de los hijos pródigos, enfrentar enfermedades crónicas, perdonar, actuar con humildad, enfrentar los desafíos que el sufrimiento puede crear en la intimidad de una pareja, y mucho más.

La esencia de este libro es sumamente práctica, sin embargo, el tema central de estas páginas no es tener un mejor matrimonio como el objetivo final. Conocer a Cristo de manera más íntima es lo que Jeff y Sarah muestran como el feliz desenlace por el que vale la pena persistir. Estamos de acuerdo. En medio de las turbulencias de la vida, si nos volvemos a Cristo en lugar de volvernos uno contra el otro, entonces, por la gracia de Dios, nuestras vidas y nuestros matrimonios podrán fortalecerse a través de las tormentas y no nos destruirán.

Para nosotros, uno de los párrafos "clave" de este libro (y hay muchos) es este:

> *Por muy difícil que sea recordarlo cuando azotan las tormentas, nuestro sufrimiento jamás es nuestro mayor problema, sino nuestro pecado. Y Dios ha tratado con nuestro pecado de manera total y definitiva a través de la muerte sacrificial y la resurrección triunfante de Jesucristo.*

Este es el evangelio: la esperanza que tenemos no solo de la salvación eterna, sino de todos y cada uno de los momentos de nuestra vida.

Con todas las exigencias y obligaciones que seguramente enfrentas en tu matrimonio y (si has formado una) tu familia, leer un libro juntos puede ser un desafío. Lo entendemos, pero lo hemos hecho varias veces y el esfuerzo valió la pena. Si nos permites el atrevimiento, te recomendaríamos que tú y tu cónyuge se tomen un tiempo para leer juntos este libro. Podemos anticipar que será de aliento y bendición para ti.

Si actualmente estás atravesando tiempos tormentosos, este recurso puede llegar a ser una cuerda de salvamento para tu vida. Si te encuentras en una temporada de relativa calma, te preparará para enfrentar las inevitables tormentas que se avecinan. Y si las tormentas pasadas han dañado tu corazón y tu matrimonio, encontrarás ayuda para el proceso de limpieza y restauración y para apuntalar los fundamentos antes que vengan más tormentas. No hay ningún matrimonio que conozcamos, incluido el nuestro, que no obtenga un enorme beneficio de este libro.

Gracias, Jeff y Sarah, por derramar esta "ofrenda de amor" por amigos como nosotros y por otros que leerán sus palabras y recibirán una infusión de esperanza para los tiempos difíciles.

Y que Dios te bendiga, lector, al anclar tu vida y tu matrimonio en la Roca sólida de Jesucristo y su Palabra.

Robert Wolgemuth y Nancy DeMoss Wolgemuth

JEFF Y SARAH WALTON viven en Chicago con sus cuatro hijos. Son miembros de The Orchard Evangelical Free Church en Arlington Heights. Sarah es coautora de *Esperanza en medio del dolor,* y la encontrarás en línea en setapart.net y @Swalts4.

Introducción

Lo recordamos como si fuera ayer. El sol brillaba, todos sonreían y, menos el hecho de que el DJ puso la canción equivocada para nuestro primer baile (del que finalmente nos reímos), fue lo más cercano a un día perfecto. Yo tenía veintitrés años. Ella veinte. Sarah y yo éramos jóvenes, estábamos enamorados, entusiasmados y listos (o eso pensábamos) para embarcarnos en una vida juntos.

No esperábamos que la vida fuera perfecta, por supuesto; pero, naturalmente, pensábamos que nuestro matrimonio estaría más lleno de "alegrías" que de "tristezas". Entonces, con estrellas en nuestros ojos y grandes sueños sobre lo que nos depararía el futuro, prometimos con confianza:

> *Te recibo como… y prometo serte fiel en las alegrías y en las tristezas, en la salud y en la enfermedad, en la riqueza y en la pobreza, y amarte y respetarte todos los días de tu vida.*

Eso fue hace casi dieciséis años. Poco sabíamos que esos años traerían enfermedades crónicas, problemas financieros, pérdida del trabajo, necesidades especiales, el sufrimiento de nuestros hijos, un estrés abrumador y la tensión marital que acompaña a todo eso. Nunca imaginamos que experimentaríamos tanto de "las tristezas", "la enfermedad" y "la pobreza" de nuestros votos.

La realidad es que todos los matrimonios pasan por tormentas. Cada esposo y esposa tiene una historia que contar de un matrimonio que incluye algunas partes felices y divertidas y otras difíciles y dolorosas. Hay momentos de calma, cuando navegas serenamente; y están las tormentas, cuando te preguntas cómo hacer para que no entre agua a tu barca, o incluso si podrías mantenerte a flote. Suponemos que estás leyendo este libro porque ahora mismo estás en medio de tu propia tormenta y tal vez tu matrimonio necesita aliento o ayuda, o porque deseas preparar tu matrimonio para las tormentas que pueden venir más adelante.

La buena noticia es que ningún matrimonio (incluido el tuyo) está más allá de la esperanza, y todos los matrimonios (incluido el tuyo) pueden fortalecerse, incluso a través de las tormentas.

Sabemos que esto es cierto no solo en la teoría, sino también en la realidad, porque es nuestra realidad.

NUESTRA HISTORIA

A menos de tres años de casados, con mucho entusiasmo dimos la bienvenida al mundo a nuestro primer hijo. Todo iba bien hasta que le subió la fiebre y tuvo que ser hospitalizado por una infección grave a las siete semanas de vida. Después de cinco días en el hospital con informes aterradores e inciertos, nos enviaron a casa sin respuestas. Pensamos que era un incidente aislado, pero con el tiempo se convirtió en años de serios problemas neurológicos, que alteraron para siempre la vida de nuestra familia. Todos los días, observábamos impotentes cómo nuestro dulce, inteligente y divertido hijo se convertía en otra persona, y mostraba un comportamiento extremadamente difícil de controlar y manejar. Innumerables consultas, exámenes y evaluaciones dejaban a los médicos desorientados, y al final todo lo que nos quedó fue una mayor carga financiera, una vida hogareña estresante y crecientes temores por él y por nosotros.

Al mismo tiempo, la salud de Sarah comenzó a empeorar rápidamente, y dar a luz a cada uno de nuestros cuatro hijos afectó cada vez más su salud a causa de su propio dolor crónico y su enfermedad. Además, una lesión en el tobillo sufrida en la escuela secundaria desencadenó en cinco cirugías y la incapacidad de hacer mucho de lo que ama.

Mientras el trastorno de nuestro hijo se intensificaba, la enfermedad de Sarah avanzaba y nuestros hijos más pequeños empezaban a mostrar sus propios dolores crónicos, mi trabajo como consultor de cirujanos ortopédicos a menudo me impedía estar en casa y nuestro matrimonio comenzó a sufrir bajo el peso de todo aquello.

En 2015, consultamos a un grupo de médicos, que adjudicaron los diversos síntomas de Sarah a la enfermedad de Lyme y, durante el año siguiente, los síntomas crecientes en cada uno de nuestros hijos condujeron a exámenes que revelaron que la enfermedad se había transmitido a cada uno de ellos. Frente a los consejos contradictorios y de muy poco apoyo de la comunidad médica, las crecientes dolencias neurológicas y físicas en cada uno de nuestros hijos eran imposibles de negar y se volvieron cada vez más confusas y costosas de tratar.

Estábamos en nuestro punto más bajo y convencidos de que no podíamos soportar nada más, por lo que era evidente que ya no podía mantener mi trabajo como personal de guardia. De modo que lo dejé, junto con la mitad de nuestros ingresos. Vendimos la casa de nuestros sueños y nos redujimos a una casa de alquiler más pequeña.

Un año después, mi nueva empresa comenzó a tener problemas y, de repente, me quedé sin trabajo y sin ningún ingreso.

Nuestra familia estaba en crisis. La mayor parte del tiempo que pasábamos juntos como pareja consistía en concurrir a citas médicas, enfrentar retos con nuestro hijo, calmar el llanto y el dolor de los niños, discutir qué tratamientos podíamos pagar, recuperarnos de cada una de las nueve cirugías sufridas entre los dos, lidiar con el dolor crónico de Sarah y combatir el estrés por la insolvencia de nuestras finanzas, al mismo tiempo que estábamos demasiado agotados para abordar las tensiones que se estaban acumulando en nuestro matrimonio. Ambos estábamos afligidos y nos preguntábamos dónde estaba Dios y por qué permitía tanto sufrimiento uno tras otro. Mientras soportábamos incesantes pérdidas y luchábamos contra la desesperanza y la desesperación, nos enfrentamos a profundos cuestionamientos de la fe, que ninguno de nosotros se había preguntado antes. Estábamos sobreviviendo, pero nosotros, y nuestro matrimonio, pendíamos de un hilo.

Sin embargo, todavía estamos aquí. Aún seguimos juntos. Y, de alguna manera, más fuertes a pesar de todo.

Dios no solo nos sostuvo y nos permitió sobrevivir, sino que también nos ayudó a ver las bendiciones que nos ha dado a lo largo del camino. Aunque ha sido más difícil de lo que imaginábamos, también hubo momentos de risa, dulces recuerdos y regalos inmerecidos. De alguna manera, cada momento y cada día, Dios nos ha ayudado a seguir adelante, ha mantenido nuestro matrimonio unido cuando no hemos tenido la fuerza para luchar por nosotros mismos y nos ha enseñado a hallar gozo, incluso en el dolor. Y por su gracia, continúa sosteniéndonos cada día, a pesar de que muchas de nuestras circunstancias siguen siendo las mismas.

EL NACIMIENTO DE UN LIBRO

Hace unos años, yo (Sarah) coescribí *Esperanza en medio del dolor* mientras nuestra familia soportaba muchas de estas mismas pruebas. Por la gracia de Dios, llegó a más personas de las que jamás imaginamos, y cambió más vidas de las que nos habíamos atrevido a pensar. *Esperanza en medio del dolor* aborda el sufrimiento y la fe a nivel individual, pero no el efecto del sufrimiento en el matrimonio; la relación que puede brindar el mayor consuelo y también causar el mayor dolor. Pese a estar en medio de nuestras propias tormentas, Dios puso en nuestro corazón escribir desde este lugar de dolor y esperanza para animar a otros matrimonios que están enfrentando sus propias tormentas (o algún día lo harán). Queríamos escribir para recordarte, quienquiera que seas y como quiera que haya llegado este libro a tus manos, que no estás solo, que hay más en tu sufrimiento de lo que se ve a simple vista y que, con Cristo, lo que sea que haya sucedido o pueda suceder, siempre hay esperanza para tu matrimonio.

Mientras orábamos para embarcarnos en la escritura de este libro, durante una de las temporadas más difíciles de nuestra vida, nuestro sabio pastor y amigo, Colin Smith, nos alentó y aconsejó con estas palabras de Salmos 118:13-14, que se convirtieron en una verdad que esperamos comunicar a lo largo de estas páginas:

> *Me empujaste con violencia para que cayese,*
> *Pero me ayudó Jehová.*
> *Mi fortaleza y mi cántico es JAH,*
> *Y él me ha sido por salvación.*

Nosotros, y nuestro matrimonio, hemos experimentado extrema presión, a veces hasta el punto de sentir que nos estábamos derrumbando.

De hecho, muchos días sentimos como si nos estuviéramos hundiendo cada vez más. Nuestro matrimonio no ha sido ni es perfecto. Estamos escribiendo desde la trinchera, a tu lado, no desde la cima de la montaña. Sin embargo, hemos escrito estas páginas como testimonio de la fidelidad, la bondad y la gracia sustentadora de Jesús. Él ha sido y sigue siendo nuestra ayuda, nuestra fortaleza, nuestro cántico y nuestra salvación.

Este es un libro sobre el matrimonio, pero es muy diferente a la mayoría de los libros sobre el matrimonio. Es para las tormentas, para prepararte para ellas en el futuro, o para ayudarte a transitar el presente, o para ayudarte a lidiar con las secuelas de lo que acabas de pasar. Esperamos animarte al reconocer muchos (aunque ciertamente no todos) de los retos que podemos enfrentar cuando vienen las tormentas y arrecian contra nuestro matrimonio. No porque hayamos atravesado nuestras tormentas y llegado a salvo al otro lado, sino porque Jesucristo ha sido fiel para darnos fuerzas, cargarnos en sus brazos y transformar cada una de nuestras vidas y nuestro matrimonio a medida que seguimos enfrentando juntos las tormentas.

Todo matrimonio comienza con sol; todo matrimonio debe pasar por tormentas. Para ti, tal vez las tormentas en tu matrimonio se hayan producido por el roce con las debilidades, las diferencias y los pecados del otro; quizás por el dolor de la infidelidad, la adicción, los patrones hirientes del pecado o un cónyuge incrédulo. O tal vez para ti hayan sido tormentas de circunstancias en torno a tu matrimonio: experimentar la emoción de comenzar o llevar adelante una familia se convierte en una lucha profundamente dolorosa contra la infertilidad, la pérdida de un hijo o necesidades especiales; o vivir con una enfermedad crónica, un daño que te altera la vida, algo que te hicieron en el pasado, una pérdida financiera, tensiones en tu familia extendida o un hijo rebelde.

Cualesquiera que hayan sido o serán tus tormentas, inevitablemente estas pruebas harán que luches con difíciles y complejas preguntas sobre la fe, que los acercarán o alejarán. Lo que marcará la diferencia es a dónde y a quién acudimos en busca de la fuerza y esperanza que necesitamos para soportar las tormentas.

Estas preguntas y las respuestas a ellas son la razón por la que hemos considerado el libro de Job como la base de cada capítulo. Job, la historia de un hombre que lo perdió todo, ¡puede parecer una elección extraña para un libro de matrimonios! Sin embargo, contiene verdades que nos han enseñado a adorar, esperar, compungirnos, arrepentirnos, confesar y luchar y, finalmente, llegar a ver a Jesús con más claridad y amarlo mucho más, lo que ha hecho que nos podamos entender uno al otro y amarnos más en el proceso.

Puedes leer todo el libro o recorrer sus capítulos en cualquier orden; puedes leer uno al día o ir más despacio (o más rápido). Está escrito de tal manera que se puede leer en pareja o solo, si eso es más apropiado en este momento. Puedes leerlo de manera individual o grupal, y dedicar tiempo para las preguntas de reflexión, la oración y las referencias para reflexión adicional al final de cada capítulo.

Hermano, hermana, escribimos este libro para ti, no porque tengamos todas las respuestas, sino para mostrarte la esperanza que puedes tener en Cristo. Es a través de esa esperanza y las verdades que se encuentran en la Palabra de Dios, que puedes encontrar fortaleza para las tormentas que vienen en contra de tu matrimonio. Somos realistas. Vendrán tormentas, pero estamos llenos de esperanza. Por la gracia de Dios, si acudimos a Cristo y a su Palabra, podemos caminar juntos en medio del clima más severo y descubrir que somos más fuertes en las tormentas.

CAPÍTULO 1

Nuestra esperanza en la vida y el matrimonio

*Yo conozco que todo lo puedes, y que no hay
pensamiento que se esconda de ti. De oídas te había
oído; mas ahora mis ojos te ven. Por tanto me
aborrezco, y me arrepiento en polvo y ceniza.*

JOB 42:2, 5-6

¿Quiénes somos para escribir un libro sobre el matrimonio? Tenemos un matrimonio que dista mucho de ser perfecto, ¡y hay días que ni siquiera podemos decir eso!

Eso fue lo primero que nos vino a la mente cuando pensamos en escribir este libro. Sin embargo, al seguir orando, nos dimos cuenta de que lo que queríamos escribir no era sobre nuestra propia suficiencia o sabiduría, sino sobre la bondad, la fidelidad y la suficiencia de Cristo cuando todo en la vida, incluido tu matrimonio, está siendo probado y acrisolado.

Por tanto, nuestro énfasis en este libro será diferente al de muchos otros libros sobre el matrimonio. Nuestro objetivo no es ofrecer una guía sobre cómo tener el mejor matrimonio, sino caminar junto a ti y tu cónyuge para ver la realidad del sufrimiento y los efectos que este puede provocar en el matrimonio, pero luego quitar nuestra mirada de las pruebas y de nuestro cónyuge y poner nuestra mirada en el Salvador todo suficiente.

Si tú y tu cónyuge se encuentran en una situación espiritualmente distinta en este momento o tal vez, incluso, ¡en un planeta distinto!, estas son las buenas noticias: tu relación con Cristo y tu capacidad de honrarlo no dependen de tu cónyuge. En realidad, todo lo contrario: tu relación con tu cónyuge depende de tu relación con Cristo.

Así que debemos comenzar por ahí y en eso debemos mantener nuestros ojos fijos mientras navegamos por las tormentas de esta vida y las presiones que estas ejercen sobre nuestro matrimonio. Nuestra esperanza no debe estar en nuestro matrimonio, en lo que es, lo que fue o lo que puede llegar a ser algún día, sino solo en Cristo. Y la maravillosa verdad que hemos aprendido es que cuando nuestra esperanza está en Cristo, siempre hay esperanza para cada matrimonio.

APRENDAMOS DE JOB

Debido a la naturaleza y la duración de las pruebas que hemos experimentado desde el comienzo de nuestro matrimonio hace 16 años, a menudo nos ha reconfortado la vida de Job, y es su vida la que proporciona el marco para este libro. Si Job nos enseña algo, es que hay más sufrimiento de lo que parece. Veremos esto en Job capítulo 1, pero antes de llegar allí, comenzaremos por el final del libro.

Job conoció las pruebas. Perdió su ganado, sus camellos y sus criados (en otras palabras, su riqueza y su sustento); perdió a cada uno de sus diez hijos en un solo día; fue herido con horribles llagas de la cabeza a los pies; y, como si eso fuera poco, sus amigos estaban convencidos de que él se lo había ganado.

Es comprensible que el sufrimiento de Job fuera tan abrumador, que anhelara la muerte y le rogara a Dios que le diera a conocer la razón cósmica de su tormento (Job 23). Y, sin embargo, después de luchar con las acusaciones de sus amigos, su desdicha sin tregua y, finalmente, con Dios mismo, Job llegó a esta conclusión:

Yo conozco que todo lo puedes,
Y que no hay pensamiento que se esconda de ti…
De oídas te había oído;
Mas ahora mis ojos te ven (Job 42:2, 5).

La vida de Job terminó con una maravillosa imagen de redención, restauración y recuperación (incluida la riqueza, los hijos y las amistades). No se nos promete que seremos "felices para siempre" en un sentido terrenal, pero a todos los que siguen al Jesús resucitado se les promete una "herencia incorruptible, incontaminada e inmarcesible, reservada en los cielos para vosotros" (1 Pedro 1:4). Sin embargo, nuestra esperanza no está solo en la felicidad eterna y la restitución venidera, sino también en la bendición de experimentar lo mismo que Job: ver y conocer más a nuestro Dios, incluso —especialmente— en nuestros días más difíciles. En medio de su peor sufrimiento —no después— Job llegó a ver a Dios, a conocerlo, a experimentarlo, a maravillarse de Él. A través de lo que, para él, era un sufrimiento inexplicable, llegó a comprender "la grandeza, la majestad, la soberanía y la independencia de Dios" (*Biblia de estudio John MacArthur*, notas sobre Job 42:5).

Nuestra oración es que, mientras seguimos adelante con la esperanza futura de mejores días, no dejemos de ver las bendiciones transformadoras que Cristo tiene reservadas para nosotros en medio de nuestro sufrimiento.

POR QUÉ NECESITAMOS A JESÚS

Pues, por aquí debemos comenzar, como tuvo que hacerlo Job: no solo necesitamos saber acerca de Jesús, sino saber que necesitamos a Jesús.

> *Y él os dio vida a vosotros, cuando estabais muertos en vuestros delitos y pecados, en los cuales anduvisteis en otro tiempo, siguiendo la corriente de este mundo, conforme al príncipe de la potestad del aire, el espíritu que ahora opera en los hijos de desobediencia, entre los cuales también todos nosotros vivimos en otro tiempo en los deseos de nuestra carne, haciendo la voluntad de la carne y de los pensamientos, y éramos por naturaleza hijos de ira, lo mismo que los demás. Pero... (Efesios 2:1-4a).*

Puede que seamos salvos y amados, pero todavía pecamos. Entonces, a pesar de la "cara de matrimonio perfecto" que la mayoría de las personas ponen cada domingo por la mañana y cuando están con amigos, nuestro matrimonio va a ser un lugar lleno de dificultades, así como de alegrías, porque todo matrimonio está formado por dos pecadores. Tensiones y problemas surgen en los días buenos y, cuando las tormentas llegan a dos pecadores que están en el mismo barco, a menudo nos sentimos más tentados a empujarnos uno al otro fuera del barco que a ayudarnos a sacar el agua.

Entonces, cualquier cosa que nos suceda, debemos aferrarnos al "Pero" al comienzo del versículo 4:

> *Pero Dios, que es rico en misericordia, por su gran amor con que nos amó, aun estando nosotros muertos en pecados, nos dio vida juntamente con Cristo (por gracia sois salvos), y juntamente con él nos resucitó, y asimismo nos hizo sentar en los lugares celestiales con Cristo Jesús, para mostrar en los siglos venideros las abundantes riquezas de su gracia en su bondad para con nosotros en Cristo Jesús. Porque por gracia sois salvos por medio de la fe; y esto no de vosotros, pues es don de Dios; no por obras, para que nadie se gloríe. Porque somos hechura suya, creados en Cristo Jesús para buenas obras, las cuales Dios preparó de antemano para que anduviésemos en ellas (Efesios 2:4-10).*

Por muy difícil que sea recordarlo cuando azotan las tormentas, nuestro sufrimiento jamás es nuestro mayor problema, sino nuestro pecado. Y Dios ha tratado con nuestro pecado de manera total y definitiva a través de la muerte sacrificial y la resurrección triunfante de Jesucristo. Este es el evangelio: la esperanza que tenemos no solo de la salvación eterna, sino de todos y cada uno de los momentos de nuestra vida.

Esto es lo que Job entendió: que por encima de todas las cosas necesitaba ver y confiar en Dios; el Dios que era mucho más grande que él, cuyos planes iban mucho más allá que su vida y cuyos planes para él eran mucho mejores de lo que su mente finita podía comprender.

Es ver a Dios y nuestra necesidad de Él lo que convierte a nuestros matrimonios en barcas estables, capaces de resistir las tormentas incluso cuando nos hacen naufragar. Si, mientras lees esto, estás desesperado por tu incapacidad de cambiar tu propio corazón y amar a tu cónyuge de la forma que Dios te llama a hacerlo, o tu incapacidad de perdonar y seguir adelante, o tu incapacidad de soportar todo lo que la vida, o Dios, les esté deparando como pareja en este momento; queremos animarlos a que traigan sus desilusiones, sus heridas e incapacidades a Jesús. Por fe, pidan a Jesús que abra los ojos de su corazón para poder verlo más claramente y conocer su poder transformador.

UNA ESPERANZA QUE MIRA AL FUTURO

Recientemente escuchamos a uno de nuestros antiguos pastores, Bev Savage, dar un poderoso testimonio de la fidelidad de Dios en medio de las diferentes circunstancias desgarradoras a lo largo de su vida. Reflexionó sobre la experiencia que tuvo mientras caminaba hacia la famosa estatua de David de Miguel Ángel en la Galería de la Academia de Florencia, Italia. Cuando te diriges hacia la estatua de David, pasas junto a impresionantes esculturas sin terminar conocidas como los Prisioneros de Miguel Ángel. Como lo describe un sitio web:

> *Todas las estatuas inacabadas de la Academia revelan el concepto y la técnica de tallado de Miguel Ángel. Miguel Ángel creía que el escultor era una herramienta de Dios; que no creaba, sino que solo revelaba las poderosas figuras que ya contenía el mármol. La tarea de Miguel Ángel era solo eliminar el exceso, revelar (www.accademia.org/exploremuseum/artwork/ michelangelos-prison-slaves).*

"A menudo me viene a la mente esta impresionante imagen —señaló Bev—cuando pienso en Dios como nuestro escultor soberano, que poco a poco cincela a sus hijos a la imagen de su Hijo. En lugar de pensar: '¿Por qué me está pasando esto a mí? —pienso—: ¿Qué exceso me está quitando para revelar más a Jesús?'".

Aunque los golpes suelen ser dolorosos, y es difícil ver su propósito, podemos confiar en la mano de nuestro Escultor todopoderoso, que promete usar cada golpe doloroso de su cincel para lograr sus amorosos propósitos eternos para nosotros y revelar más la imagen de Cristo en nuestra vida. Si fuera por nosotros, ¡seguiríamos siendo un bloque de mármol estático y sin forma! Sin embargo, nuestro Padre celestial nos ama demasiado para dejarnos así. Porque somos obra de Dios, nos ha salvado por medio de Cristo y nos esculpe para darnos forma de Cristo (Efesios 2:10). Y en nuestro caso, al mirar hacia atrás vemos claramente que uno de los cinceles de Dios es nuestro matrimonio. Lo ha usado para tallar, reformar y refinar, y eso a menudo es doloroso, pero siempre es para bien. ¡Y sabemos que aún no ha terminado!

Si Jesús es el Señor de tu vida, que esta sea tu perspectiva sobre el matrimonio que Él te ha dado y las tormentas que debes atravesar. Nada en tu vida —ninguna pérdida grave, ninguna circunstancia desconcertante, ningún problema matrimonial— será en vano. Cada uno de esos momentos está siendo tallado y está revelando cada vez más la imagen gloriosa de Cristo.

Cristiano, un día estaremos en la gloria, y nuestros ojos verán realmente a Jesús. El pecado, el sufrimiento y la lucha ya no existirán, y miraremos hacia atrás asombrados y maravillados, y comprenderemos todo lo que parecía tan confuso y devastador. Qué gozo tendremos cuando nuestra fe se convierta en vista y veamos cómo la mano bondadosa y diestra de nuestro Padre celestial nos eligió para ser suyos, y trabajó fielmente para revelar en nosotros la imagen de su Hijo, para su gloria y nuestro eterno gozo en su presencia.

El Escultor todopoderoso
promete usar cada golpe
de su cincel para lograr sus
amorosos propósitos en
nuestra vida.

REFLEXIÓN

1. ¿Has puesto tu fe en Jesucristo como tu Señor y Salvador? Si no, ¿cómo podría la verdad del evangelio cambiar tu sentido de esperanza, tanto para hoy como para la eternidad? Si eres cristiano, ¿cómo cambia el evangelio tu sufrimiento y tu perspectiva sobre el matrimonio aun frente a las dificultades?

2. ¿Qué esperas obtener de este libro? ¿De qué manera crees que lo que más necesitas es que Dios te ayude o te cambie como individuo?

3. (Juntos, si es posible) ¿Qué pruebas están ejerciendo presión sobre su matrimonio? ¿Creen que Cristo puede usar estas pruebas para el bien de su matrimonio? ¿Por qué sí o por qué no? ¿De qué forma lo han visto cincelar cada una de sus vidas para hacerlos más semejantes a Jesús?

ORACIÓN

Señor, gracias porque nada en mi vida carece de esperanza, porque entregaste tu vida por mí y me ofreciste el perdón, la libertad y la eternidad que vienen contigo. Ves mis sufrimientos y conoces los lugares ocultos de mi corazón y mi matrimonio, que necesitan ser renovados, sanados y redimidos. Ayúdame a confiar en que tienes propósitos más allá de lo que puedo ver y que nada es imposible para ti. Ayúdame a renunciar a lo que creo que es mejor y a someter a ti mis deseos para mi vida, mi familia y mi matrimonio. Creo que vale la pena seguirte, sin importar el costo, pero ayúdame a creerlo en lo más profundo de mi corazón. Quiero agradecerte por tu gracia y tu perdón cuando vivo con temor en lugar de fe, egoísmo en lugar de amor abnegado, y orgullo en lugar de humildad ante ti y los demás. En las próximas semanas, abre mis ojos a la verdad de tu Palabra y cincela lo que sea necesario para revelar más de tu imagen en mí. Amén.

Para reflexión adicional, lee Salmos 130; 1 Corintios 1:26-31; Efesios 1:16-21; Hebreos 12:1-2, 3-13.

CAPÍTULO 2

Cuando llegan las pruebas

Respondiendo Satanás… dijo: ¿Acaso teme Job a Dios
de balde? ¿No le has cercado alrededor a él y a su casa
y a todo lo que tiene?… Pero extiende ahora tu mano
y toca todo lo que tiene, y verás si no blasfema contra
ti en tu misma presencia. Dijo Jehová a Satanás:
He aquí, todo lo que tiene está en tu mano.

JOB 1:8-12

Las pruebas, desde pequeños inconvenientes hasta temporadas de profundo sufrimiento, pondrán a prueba a todo matrimonio. Sin embargo, no todos los matrimonios se dejarán moldear por ellas de la misma manera. La marca que las pruebas dejan en nosotros depende, principalmente, de nuestra respuesta cuando lleguen. Un antiguo refrán dice: "El mismo sol que derrite la cera endurece el barro": las mismas circunstancias que producen en una persona resentimiento, amargura e ira hacia Dios y su cónyuge, en otra persona ayudan a fortalecer su matrimonio y desarrollar humildad, paciencia, bondad y mayor dependencia de Cristo.

El libro de Job comienza con un desacuerdo en los cielos sobre cómo reaccionaría Job frente a una temporada sostenida de grandes pruebas. Satanás esperaba que él maldijera a Dios cuando sus bendiciones terrenales se acabaran. Tenía razón, no sobre Job, sino sobre su esposa, quien aconsejó a Job que hiciera exactamente lo que Satanás estaba buscando (2:9-10). Sin embargo, Job ignoró su consejo y desafió las expectativas de Satanás al aferrarse a su creencia de que, de alguna manera, Dios estaba obrando para bien: "Me probará, y saldré como oro" (23:10).

No pases por alto lo que estaba haciendo Satanás. Al sumir a esta pareja en la confusión, tenía como objetivo dividirlos y luego alejarlos de Dios. Job perdió todo y luego enfrentó la pérdida de su matrimonio. Y con frecuencia también lo haremos nosotros, cuando lleguen las pruebas. Las tormentas moldearán tu matrimonio, pero *cómo* lo moldeará dependerá de cómo respondan a ellas y uno al otro. De modo que a continuación veremos tres verdades clave para recordar cuando lleguen.

TU CÓNYUGE NO ES TU ENEMIGO

Ha habido ocasiones en las que he visto a Sarah como mi enemigo (aunque en ese momento no lo habría dicho en voz alta, ni lo hubiera escrito en un libro). Puesto que procesamos nuestras pruebas de manera distinta, especialmente cuando ambos llevamos cargas de estrés abrumadoras, es muy fácil descargar nuestras frustraciones en el otro. Lo que solía ser nada más que molestias menores, de repente se magnifican cuando los miedos, las decepciones y las heridas nos presionan por todos lados.

En lugar de unirnos en un mismo frente para enfrentar nuestras pruebas, estamos tentados a aislarnos en nuestro propio pequeño mundo o volvernos el uno contra el otro en nuestro dolor. Es fácil terminar por volvernos en contra de nuestro cónyuge en lugar de estar a su favor y permitir que nuestros sentimientos prevalezcan sobre sus necesidades.

Y, cuando convertimos a nuestro cónyuge en un enemigo, no nos damos cuenta del verdadero enemigo al que ambos nos enfrentamos. Imagínate a una pareja parada en su cocina a la hora del mediodía. Están cansados y agotados y discuten acerca de tomarse unas vacaciones familiares que se ajusten al presupuesto de este año. De repente, un intruso irrumpe y comienza a agarrar sus posesiones más preciadas, incluido el álbum de sus fotos de boda. En respuesta, esta pareja ignora por completo al intruso y sigue discutiendo. Finalmente, hacen una tregua obligada sobre la cuestión de las vacaciones. Un tiempo después, ambos se preguntan por separado dónde están varios artículos de su hogar.

¡Nadie dejaría que eso sucediera! Cuando aparece un intruso, discutir sobre las vacaciones de repente parecería ridículo. Esta pareja enfrenta una amenaza mucho mayor. Sin embargo, a menudo actuamos de manera similar. Sentimos presión en nuestras vidas y nos volvemos el uno contra el otro en nuestra molestia (a veces por las cosas más pequeñas), todo mientras un enemigo invisible (pero muy real) trabaja arduamente para destruir nuestro matrimonio, volvernos contra nuestro Señor y robarnos el oro que Dios quiere refinar en nuestra vida mientras confiamos en Él. En medio del dolor o la decepción, es fácil prestar poca atención a la batalla espiritual que se está librando y demasiada atención a nuestras diferencias y expectativas no cumplidas.

El propósito de Satanás al atacar a Job era probar que Job solo amaba a Dios por sus bendiciones terrenales más que por Dios mismo. Hoy, la misión de Satanás sigue siendo la misma. Quiere convencerte de que te vuelvas contra Dios. Su manera de hacerlo puede consistir en persuadirte sutilmente de que te vuelvas contra tu cónyuge.

De modo que debemos luchar contra la tentación de volvernos contra nuestro esposo o nuestra esposa, y verlos como el enemigo. Necesitamos contrarrestar de manera proactiva esa mentalidad. ¿Cómo? Puedes tomar la iniciativa de hacer algo amable, considerado y generoso por tu cónyuge. Deja una nota en el espejo del baño en referencia a algo que amas o aprecias de él o ella, o que puedes ver a Dios obrando en su vida. Realiza una tarea que por lo general recae sobre tu esposa o esposo; para mí, podría ser tomar la iniciativa de colocar una carga de ropa sucia en la lavadora o planificar y preparar una comida para la familia. Antes de encender la televisión, tómate un tiempo para orar, hablar y escuchar a tu cónyuge.

Si tú eres como yo, muchas veces *no tendrás ganas* de servir o de acercarte a tu cónyuge, pero nuestros sentimientos a menudo siguen a nuestras acciones. Entonces, en vez de dar lugar a que se arraiguen la amargura o el resentimiento, rechaza esos pensamientos tan pronto como aparezcan en tu mente y, en cambio, piensa en cómo puedes acercarte a tu cónyuge hoy y recuérdale (¡y a ti mismo!) que están juntos en esto.

DIOS ESTABLECE LOS LÍMITES

Existe otro peligro opuesto a olvidar que Satanás es nuestro enemigo, y es olvidar que Satanás no tiene el control. Él tiene tanto poder como nuestro Dios soberano le permite tener. En Job 1:12, Dios da *permiso* a Satanás para atacar a su siervo Job: "He aquí, todo lo que tiene está en tu mano; solamente no pongas tu mano sobre él". Cuando Satanás se da cuenta de que sus ataques no han logrado lo que esperaba, regresa a Dios y le pide que le permita tener más rienda suelta. El Señor responde: "He aquí, él está en tu mano; mas guarda su vida" (2:6). Si bien Satanás se tomó todas las libertades que Dios le concedió en su intento por destruir la confianza de Job en el amor y la bondad de Dios, no pudo ir un paso más allá del límite que Dios había establecido.

Satanás no puede ir más lejos hoy de lo que pudo entonces. Si bien desearíamos que Satanás tuviera menos rienda suelta y que no tuviera permiso para hacer nada, no debemos perder de vista que la rienda existe y la tiene Dios. Él decide cuánta rienda suelta dar para sus propios fines. Satanás no tiene el control.

Thomas Boston, un predicador del siglo XVIII, explicó bien esta verdad cuando escribió:

> *Si Dios no limitara estos infortunios [las circunstancias indeseables], por más dolorosos que sean, lo serían aún más. Sin embargo, dice al instrumento de maldad (ya sea Satanás, nuestro pecado o el hecho de vivir en un mundo corrompido) como dijo al mar en la creación: "Hasta aquí llegarás, y no pasarás adelante, y ahí parará el orgullo de tus olas" (Job 38:11)… Por lo tanto, este tipo de infortunio nunca es más o menos doloroso, sino que es exactamente como Dios ha determinado que sea según sus límites soberanos (The Crook in the Lot, versión en inglés moderno de Jason Roth, p. 30).*

Esta verdad puede traer paz cuando las circunstancias son caóticas y las pruebas parecen interminables. Aunque no comprendamos los caminos de Dios, podemos estar seguros de que todas las cosas están dentro de los límites buenos y soberanos de nuestro Padre celestial. Como escribió C. H. Spurgeon, un predicador londinense del siglo XIX:

Aunque la tormenta arrecie, todo está bien, porque nuestro Capitán es el que gobierna las tormentas. Ánimo, querido amigo. El Señor, siempre misericordioso, ha designado cada momento de dolor y sufrimiento. Si Él ordena el número diez, nunca podrá ser once, ni deberías desear que sea nueve. El tiempo del Señor es el mejor. Tu esperanza de vida se mide con el ancho de un cabello. Alma inquieta, Dios ordena todas las cosas, así que deja que el Señor haga su voluntad (Beside Still Waters, p. 143).

Job perdió casi todo, pero solo perdió lo que Dios permitió, y solo lo que Dios sabía que sería para su mayor bien. Aunque a veces sea difícil, nosotros también podemos, y debemos, confiar en que todo está dentro de los sabios límites de nuestro buen y soberano Señor.

DIOS USARÁ LAS TÁCTICAS DEL ENEMIGO

¿Notaste quién inició la conversación sobre Job en el diálogo entre Satanás y Dios? Fue Dios. Sabía exactamente cómo se desarrollaría esta historia, y sabe cómo lo hará la nuestra también. Cuando estamos atravesando pruebas y nos sentimos cansados de la batalla tenemos que recordar que nuestra historia no ha terminado. Podemos mirar lo que vemos a simple vista —lo que parece imposible y sin esperanza en el momento, cuando parece que nada bueno puede surgir de nuestras circunstancias— o podemos alzar nuestros ojos hacia una esperanza más allá de lo que vemos a simple vista.

Sin embargo, en este momento puedes estar pensando: "¿En serio? ¿Por qué debería confiar en que Dios sabe lo que está haciendo o que quiere hacerme bien, cuando estoy pasando por *esto*?".

Por la cruz.

La cruz fue el momento más oscuro de la historia y fue iniciativa de Dios. Dios permitió que su único Hijo diera más y perdiera más que Job o que tú: las riquezas del cielo, la adoración de los ángeles y luego incluso su propia vida por nosotros. Si quieres ver el momento del mayor triunfo aparente de Satanás, mira aquí, a la cruz, al Hijo de Dios cuando murió solo y en agonía. Y, sin embargo, lo que parecía el mayor triunfo de Satanás fue de hecho su derrota definitiva. Imagínate a Satanás sonriendo burlonamente cuando el Hijo de Dios sufría el rechazo, la tortura y el camino a la cruz, solo para descubrir que su poder fue vencido en esa cruz, donde Jesús cargó con el castigo por nuestro pecado y dejó a Satanás sin nada de qué acusarnos.

Sí, Dios usó lo que Satanás hizo en la vida de su Hijo para sus propósitos, para la gloria de su Hijo, para nuestro bien. Sí, usó lo que Satanás hizo en la vida de Job para su bien. Y sí, también se propone usar todo lo que nos sucede para nuestro bien (Romanos 8:28).

He visto esto, lo he vivido. El enemigo ha trabajado duro para derribarnos a Sarah y a mí, tanto de manera individual o como pareja. A veces, parece que ha ganado. Sin embargo, cuando miramos hacia atrás, vemos cómo Dios no solo nos ha ayudado, sino que también ha utilizado las tácticas del enemigo (junto con nuestro pecado y nuestro sufrimiento) para fortalecernos y acercarnos a Él.

No siempre es fácil verlo (y sinceramente, lo veo mucho más en Sarah que en mí), pero hemos comenzado a ver el oro que Dios está formando al hacernos pasar por el fuego.

Amigo, no sé qué estás enfrentando en este momento, pero sé que Dios sí lo sabe. No sé qué te ha robado el enemigo para tentarte a que te alejes de Dios y te vuelvas en contra de tu cónyuge, pero sé que la persona con la que te casaste no es tu enemiga, sino tu compañera. Sé que no tienes el control en este momento, pero sé que Satanás tampoco, porque lo tiene Dios. No sé lo que Dios está haciendo en ti a través de tus pruebas en este momento, pero sé que Él está obrando y sé que valdrá la pena si te aferras a Él y caminas junto a tu cónyuge (si te lo permite). Hoy, en algún momento, ¿por qué no miras a los ojos a la persona con la que te casaste y le dices que la amas y que estás ahí para ella, y que Dios también lo está?

REFLEXIÓN

1. En los tiempos difíciles, ¿culpaste de alguna manera a tu cónyuge o permitiste que las diferencias y los inconvenientes los volvieran uno contra el otro? Cuando surgen luchas en tu matrimonio, ¿alguna vez pensaste que tienes un enemigo que busca destruir cualquier cosa que glorifique a Dios, incluido el matrimonio? ¿De qué manera recordar la batalla espiritual que se está librando y el fuerte defensor que tenemos en Cristo podría incidir en los desacuerdos, las luchas y las circunstancias en tu matrimonio?

____

____

____

____

____

____

2. ¿De qué manera te da consuelo y esperanza comprender que Dios establece los límites y cambia tu perspectiva actual del sufrimiento?

____

____

____

____

____

____

3. (Juntos, si es posible) ¿Pueden reconocer áreas en su matrimonio donde el enemigo ha buscado (quizás con éxito) volverlos uno contra el otro? ¿Cómo sería resistir al diablo y pedir a Jesús que les dé fuerzas para mantenerse firmes y amarse uno al otro?

ORACIÓN

Señor Jesús, mi corazón es propenso a errar, especialmente cuando los tiempos son difíciles y dolorosos, y las tensiones de la vida parecen no tener fin. Escudriña mi corazón, cúbreme en tu verdad y dame claridad para ver quién es mi verdadero enemigo. Ayúdame a ver dónde he acusado o culpado falsamente a mi cónyuge (o a otros) por lo que estamos soportando, y a darme cuenta de que bien puede ser que mi cónyuge no sea el problema, sino el pecado dentro de mí. Con la fortaleza de tu Espíritu Santo, ayúdame a humillarme ahora para que pueda recordar que mi identidad se encuentra solo en ti y no en mis circunstancias o en mi cónyuge. Dame nuevas fuerzas para luchar y perseverar para tu gloria. Pon en línea nuestro corazón con el tuyo y entre nosotros, y que podamos descansar en tus promesas de que tú eres soberano sobre nuestro sufrimiento. Usa mi vida y mi matrimonio para tus propósitos y la gloria de tu reino. Amén.

Para reflexión adicional, lee 2 Samuel 22:1-7; Salmos 18:16-19; 2 Corintios 12:7-10; Santiago 1:2-6.

CAPÍTULO 3

Cómo mantener la esperanza en la pérdida

*Entonces Job se levantó, y rasgó su manto, y rasuró
su cabeza, y se postró en tierra y adoró.*

Job 1:20

Cuando llega la pérdida, el dolor no se queda atrás. Aunque la conmoción del dolor o la adrenalina del instinto de supervivencia puede hacernos parecer fuertes por un tiempo, el dolor, "la desolación interior que sigue a perder algo o alguien que amamos" (J. I. Packer, *A Grief Sanctified*, p. 9), finalmente se deja ver en cada fibra de nuestro ser.

El dolor sigue a las grandes pérdidas por las que pasamos algunos de nosotros (muerte, infertilidad, abuso, un hijo descarriado, etc.), y sigue a las pérdidas más pequeñas, pero aun así dolorosas (problemas económicos, oportunidades perdidas, decepciones). Todas son difíciles de manejar en un matrimonio.

Job conoció la pérdida. Lo perdió todo: su ganado, sus criados y cada uno de sus hijos. De un solo golpe, le arrebataron su riqueza, su seguridad y su familia. Sin embargo, en respuesta a tan insondable aflicción, Job hace algo igualmente insondable: se rasura la cabeza, se postra en tierra y *adora al Señor*.

Esto es insondable porque es muy diferente a la forma en que la mayoría de nosotros, incluidos los cristianos, respondemos a las pruebas. En la cultura occidental, a menudo nos sentimos molestos con el dolor y hacemos nuestro mejor esfuerzo por evadir la realidad de que la muerte y el deterioro (de personas y cosas) es evidencia de que este mundo se está consumiendo. En cambio, nos esforzamos por parecer fuertes, pensar en positivo y llenar nuestra vida con cualquier cosa que ayude a enmascarar el dolor. O, en lugar de permitir que el dolor y la pérdida produzcan en nosotros una mayor esperanza, muchos evitan enfrentar el quebranto y tratan de aliviar su profundo dolor con cualquier cosa que lo mitigue. Como alternativa, a veces, como cristianos, nos entristecemos y pensamos que mientras estamos tristes estamos excusados de adorar a Dios y comenzaremos a vivir para Él nuevamente una vez que nos sintamos mejor y el dolor se haya ido.

¿Cómo podemos aprender a responder como lo hizo Job? ¿Y por qué querríamos hacerlo?

EL DOLOR NO ES UNA SEÑAL DE INCREDULIDAD

No pienses que la adoración de Job reemplazó su dolor o que los que creen no sienten dolor en absoluto. Como señala el pastor y autor John Piper:

> *Los sollozos de tristeza y dolor no son señal de incredulidad. Job no respondió al sufrimiento de manera frívola, insensible y superficial como si dijera: "Alabado sea Dios de todos modos". La magnificencia de su adoración se debe a que estaba sufriendo, no porque reemplazara su sufrimiento. Deja que tus lágrimas fluyan libremente cuando llegue tu calamidad. Y que lo que quede de nosotros llore con los que lloran (Job: Reverente en el sufrimiento, desiringgod.org/messages/job-reverent-in-suffering?lang=es, consultado el 1 de marzo de 2021).*

Es natural y correcto sufrir por las pérdidas y el dolor que experimentamos en esta vida. El dolor y las lágrimas no son un signo de fe débil, sino una respuesta normal y saludable al quebranto de este mundo y a los efectos dolorosos que tiene sobre nosotros. La Biblia dice que este mundo caído no es el lugar para el que fuimos diseñados. El lugar para el que fuimos hechos está por venir, pero aún no ha llegado. Hasta entonces, tenemos que aprender a vivir en una tierra intermedia:

afligidos pero esperanzados; perturbados por el dolor, pero en paz en la presencia de Cristo y adorando en nuestro dolor.

Tener esperanza no significa que no sufriremos. Tener esperanza significa sufrir con la confianza de que "él mismo [nos] perfeccione, afirme, fortalezca y establezca" (1 Pedro 5:10).

LOS ALTIBAJOS DE LA ADORACIÓN EN EL DOLOR

Del mismo modo, la adoración de Job no significó que no tendría más dolor. Ni Job ni nosotros atravesamos el dolor de la pérdida en una semana o dos, para nunca volver a sentir la ausencia o el dolor. (¡El libro de Job sería mucho más breve, pero mucho menos útil y esperanzador para nosotros, si lo hubiera hecho!). En verdad, normalmente no sentimos todo el peso de nuestro dolor hasta que la conmoción desaparece, las comidas dejan de llegar, nuestros amigos dejan de llamar y el mundo parece seguir adelante mientras nosotros nos quedamos con nuestro dolor y el recordatorio diario de nuestra pérdida.

A Job no le resultó fácil. Él, como nosotros, tuvo altibajos en su adoración. En el capítulo 19, las palabras de Job comienzan a sonar mucho menos fervorosas:

> *He aquí, yo clamaré agravio, y no seré oído; daré voces, y no habrá juicio. Cercó de vallado mi camino, y no pasaré; y sobre mis veredas puso tinieblas. Me ha despojado de mi gloria, y quitado la corona de mi cabeza. Me arruinó por todos lados, y perezco; y ha hecho pasar mi esperanza como árbol arrancado (Job 19:7-10).*

Sin embargo, Job no deja de adorar; más bien, el aspecto de su adoración ha comenzado a cambiar. Ahora Job manifiesta su confianza en el Señor al presentar con sinceridad su dolor y confusión ante Él. Aunque está mal quejarse delante de Dios, podemos acercarnos a Él con humildad y preguntarle: "¿Por qué?", y podemos sentirnos en conflicto. Dios no espera que estemos en silencio ante nuestro dolor, que sonriamos y lo soportemos, sino que vayamos a Él con sinceridad, con

Dios no espera que estemos
en silencio ante nuestro
dolor, que sonriamos y lo
soportemos. El dolor y la
adoración pueden coexistir,
al igual que la confianza y
los interrogantes.

todas nuestras preguntas, nuestros miedos, nuestras heridas y nuestra confusión. Es aquí, en el perturbador lugar del dolor, donde podemos luchar y comenzar a comprender la profundidad del amor y la bondad de Dios hacia nosotros.

El dolor y la adoración pueden coexistir, al igual que la confianza y los interrogantes. Incluso cuando Job se pregunta qué está haciendo Dios, se recuerda a sí mismo lo que ya sabe:

Yo sé que mi Redentor vive, y al fin se levantará sobre el polvo;
y después de deshecha esta mi piel, en mi carne he de ver a
Dios; al cual veré por mí mismo, y mis ojos lo verán, y no otro,
aunque mi corazón desfallece dentro de mí (Job 19:25-27).

Cuando llegue una nueva ola de dolor, dejemos que broten las lágrimas, clamemos al Señor con sinceridad en nuestro dolor… y recordemos la esperanza del evangelio. Nuestro dolor reconoce que las cosas no son como deberían ser, mientras que nuestra esperanza en el evangelio nos recuerda que nuestro dolor ya no cuenta toda la historia. Tenemos un Redentor, que pagó el precio para liberarnos del castigo de nuestro pecado, y un día nos liberará de la presencia del pecado. Cuando regrese, redimirá lo que se ha perdido y restaurará lo que se ha roto. Al final —y no antes que luchemos por superar nuestras pruebas— Él estará sobre la tierra y nosotros estaremos con Él, más allá de la pérdida y el dolor, el sufrimiento y la muerte.

CAMINA CON TU CÓNYUGE EN EL DOLOR

No hace mucho, cuando estaba experimentando otra ola de dolor por las pruebas que han sobrevenido a nuestra familia durante años, sentí que me alejaba de Jeff. Me sentí sola y estaba resentida. Sentía que él parecía completamente ajeno a todo lo que estaba pasando, mientras yo luchaba con una nueva angustia. Un día, después de creer las mentiras de que yo no le importaba y que se había abstraído de las circunstancias que yo sentía (y que aún siento) muy devastadoras, el dique de resentimiento que había dejado acumular se rompió, y le dije, de manera directa, cómo me sentía.

Afortunadamente, su respuesta fue más calmada que mi arrebato.

Me explicó que estaba sufriendo a su manera. Fue un recordatorio sumamente necesario de que ambos estamos sufriendo, pero que el aspecto de nuestro dolor a menudo varía. Al reflexionar sobre esa conversación, he detectado tres cosas que necesito recordar:

1. LAS PERSONAS SUFREN DE MANERA DIFERENTE

Los cónyuges tienden a sufrir de manera diferente, al igual que Jeff y yo. Uno de ustedes puede expresar el dolor por medio de frecuentes lágrimas y necesitará hablar sobre las cosas; otro de ustedes quizás pueda mostrar poca emoción y se las arreglará para distraerse con cualquier cosa que mantenga su mente en otra parte. Es posible que uno de ustedes sienta que necesita mantenerse firme, y luego, meses o años después, su propio dolor comienza a aflorar de manera repentina e inesperada. Reconozcan estas diferencias y sean pacientes el uno con el otro, y dialoguen. Uno de los poderosos ataques del enemigo contra el matrimonio son las palabras que se deben decir, pero que nunca se expresan. Cuando un esposo y una esposa no expresan su dolor y no hacen parte al otro en su lucha con Dios en el momento indicado, pueden llegar a sentir que no son "una sola carne", sino que están divididos.

2. TU CÓNYUGE NO ES CRISTO

Recuerda llevar tu dolor ante todo a Cristo, porque solo Él es la fuente de tu esperanza y tu fortaleza. Si esperas que tu cónyuge te brinde todo el consuelo que necesitas, o que te comprenda por completo y responda con la sabiduría y el aliento necesarios, eso te llevará a la decepción y el desencanto, y ambos se resentirán.

3. TU CÓNYUGE ES TU CÓNYUGE

Sí, tu cónyuge no es tu Salvador, pero puede compartir tanto tu gozo como tu dolor de manera que otros no pueden ni deben hacerlo. Si comenzamos a pensar de manera independiente el uno del otro, y no estamos dispuestos a dejar que nuestro cónyuge sea parte en nuestro sufrimiento porque creemos que no nos entenderá o puede que diga algo incorrecto, seguramente estaremos indefensos frente a los ataques del enemigo. Al final, nuestro silencio nos roba la oportunidad y el privilegio de caminar y crecer uno al lado del otro, y llegar a conocer más a Cristo juntos y amarnos más el uno al otro a través de nuestro sufrimiento.

(Jeff) Como esposo, es tentador para mí presentar mi dolor únicamente al Señor y ocultárselo por completo a Sarah. Cuando hago esto, sacrifico la confianza y la intimidad entre nosotros. A veces, mi motivo puede ser el de no querer poner una carga adicional sobre Sarah, pero en otras ocasiones es porque no me gusta mostrar debilidad. Necesito recordar que tenemos que llorar *juntos*, incluso cuando lo hacemos de manera diferente. Dios quiere que entreteja mi corazón con el de Sarah, que nos lleve a ambos a una fe más fuerte a través de una mayor dependencia y deleite en nuestro amoroso Salvador. Y, para que eso suceda, necesito abrirme con Sarah.

LO MÁS PRECIADO NO SE HA PERDIDO

¿Cómo pudo Job responder en adoración de la manera que lo hizo? No porque no estuviera sufriendo por sus terribles pérdidas, sino porque sabía que lo que era más preciado para él no lo había perdido y jamás lo perdería. Si conoces a Jesús, tú también puedes perder cosas preciadas y aun así adorar. El dolor puede volver a enfocarnos en el valor de Cristo y la seguridad que tenemos en Él. Por eso, el dolor y el gozo pueden coexistir e incluso crecer juntos. Experimentar eso junto a nuestro cónyuge es un regalo, que solo conoceremos si estamos dispuestos a dar parte a nuestro cónyuge de los altibajos de nuestro dolor y concederle gracia mientras pasa por sus propios altibajos por más complicados e impredecibles que puedan ser.

Amigos, está bien llorar, pero no lloren solos. Permitan que Cristo entre y conozcan el gozo que Él tiene por ustedes. Y permitan que su cónyuge participe y conozca la cercanía que eso puede traer. Hallamos bendiciones inesperadas cuando caminamos juntos en la senda donde se encuentran la tristeza y el gozo.

REFLEXIÓN

1. ¿Cómo calificarías la forma en que respondes al dolor? ¿Tu cónyuge parece sufrir de una manera similar o diferente?

____

____

____

____

____

____

____

2. ¿Has creído la mentira de que el dolor es una señal de incredulidad? Si es así, ¿cómo cambiarían las cosas si te permitieras estar triste y comprender que, al igual que Job, puedes adorar al Señor en tu dolor?

____

____

____

____

____

____

3. (Juntos, si es posible) Comenten de qué manera tu cónyuge puede ser un estímulo para ti mientras sufres por la pérdida o el dolor que has experimentado. Conversen sobre lo que les ha ayudado y lo que les ha dolido atravesar el dolor como pareja.

ORACIÓN

Padre celestial, gracias por darnos permiso para sufrir por las pruebas que has permitido en nuestra vida. Al igual que Job, ayúdame a hablar contigo con sinceridad sobre mi dolor y a confiar en que puedes manejar mi dolor, mis preguntas y mis emociones fluctuantes. No obstante, ayúdame a no quedarme ahí bloqueado. Dame la fuerza y la fe para sufrir con esperanza y ofrecerte un sacrificio de adoración, con la confianza de que un día traerás completa redención y restauración a todo lo que hemos perdido. Protege nuestro matrimonio mientras aprendemos a sufrir juntos, y ayúdanos a crecer juntos mientras te buscamos a ti en nuestro dolor. Amén.

Para reflexión adicional, lee Salmos 13, 88; 1 Tesalonicenses 4:13.

CAPÍTULO 4

No te aferres a las cosas

Jehová dio, y Jehová quitó; sea el nombre de Jehová bendito.

Job 1:21b

Recientemente pasamos por delante de nuestra antigua casa por primera vez desde que hicimos recortes en nuestra economía y nos mudamos a una propiedad de alquiler hace cuatro años. Inmediatamente, nuestros cuatro hijos comenzaron a repasar recuerdos y enumerar cada parte de la casa que extrañaban y, una vez más, les costó entender por qué tuvimos que renunciar a todo.

Traté de explicarles que lo correcto para nuestra familia era seguir la dirección de Dios, incluso a costa de la comodidad financiera y una casa que nos encantaba. Sin embargo, en el fondo, luchaba con mi propia nostalgia y mis propios interrogantes. ¿Por qué *tuvimos* que renunciar a todo?

Retrocedamos seis años…

CUANDO HAY CAMBIO DE PLANES

Vivíamos muy por debajo de nuestras posibilidades, planificábamos cuidadosamente el futuro y buscábamos consejos sabios para ser buenos administradores de nuestros ingresos crecientes. Trabajaba como consultor de traumatología y asistía a los médicos en el implante de dispositivos ortopédicos durante las cirugías traumatológicas. Económicamente, nos iba muy bien. Las cosas se sucedían, en su mayor parte, según el plan. Con lo cual me refiero a nuestro plan.

Fue entonces cuando, en su extraña soberanía, Dios eligió enseñarnos el poco control de las cosas que realmente teníamos.

Los problemas neurológicos de nuestro hijo mayor empeoraban o ya eran más obvios y empezaban a consumirnos. También aumentaban otras presiones. La salud de Sarah continuaba deteriorándose. Los otros niños comenzaron a mostrar signos de problemas de salud. Mi trabajo de guardia a menudo dejaba a Sarah sola como madre.

La tensión en nuestro matrimonio aumentó. Las facturas médicas aumentaron.

La vida no era buena. Las cosas no iban conforme a lo planeado. Me di cuenta de que nuestra familia estaba en crisis.

Dios nos llevó a reconocer que la única opción era soltar todo lo que habíamos ahorrado y planeado y por lo que habíamos trabajado duro. Acepté un nuevo empleo que me permitía estar más en casa, a costa de una parte importante de mi salario anterior. Vendimos la casa de nuestros sueños y nos fuimos a vivir con mis suegros. Empezamos a ajustarnos al drástico cambio de ingresos.

Y luego, un año después, mi nueva empresa despidió a la mayoría de sus empleados, incluido yo. De repente, nos enfrentamos a gastos abrumadores y ningún ingreso.

¿En qué nos equivocamos?

Quizás en alguna parte, pero quizás en ninguna.

He pensado en Job muchas veces durante esta dura temporada de pérdidas, y me he identificado un poco con la agonía que debe de haber sentido cuando una vida de trabajo arduo y honorable se esfumó en poco tiempo. Con lo que me resulta más difícil identificarme es con su respuesta: "Jehová dio, y Jehová quitó; sea el nombre de Jehová bendito" (Job 1:21b).

Básicamente, Job está diciendo: *Todo lo que disfrutamos proviene del Señor, y lo bendecimos por ello, y todo lo que perdemos también proviene del Señor, y debemos aprender a bendecirlo por ello también.*

Sin embargo, ¿cómo aprendemos a hacer eso? ¡¿Cómo hacemos como familia para pasar por delante de nuestra antigua casa y bendecir a Dios porque ya no la tenemos?! ¿Cómo se aprende a mirar atrás a lo que se ha perdido y decir: "Sea el nombre de Jehová bendito"?

¡Es antinatural y va en contra de toda lógica! Bueno, tal vez esa sea precisamente la razón por la que Dios permite estas pérdidas en nuestras vidas: para cuestionar nuestra visión de las bendiciones a corto plazo y abrir nuestros ojos a las bendiciones más profundas y duraderas que solo Cristo puede dar.

Naturalmente, nos sentimos tentados a equiparar el hecho de que Dios se complace en nosotros con las bendiciones terrenales que recibimos. Vivimos en un mundo donde la comodidad y los placeres a menudo están dictados por nuestro estado financiero. Sin embargo, la Biblia deja claro que el sistema de valores del reino de Dios es muy diferente al del mundo. Necesitamos aprender acerca de este sistema de valores y, si es posible, aprenderlo en pareja. De esa manera, podemos recordarnos uno al otro, cuando pasamos por nuestra antigua casa o cuando recordamos cualquier otra cosa que una vez tuvimos y hemos perdido, que el Señor es bueno en lo que da y el Señor es bueno en lo que quita.

A lo largo de estos dolorosos años, Dios nos ha enseñado a Sarah y a mí a evaluar nuestro corazón y a hacernos continuamente tres preguntas.

1. ¿VIVO CON MIEDO DE PERDER MI COMODIDAD?

El temor de Jehová es para vida,
Y con él vivirá lleno de reposo el hombre;
No será visitado de mal (Proverbios 19:23).

Si deseamos las comodidades de este mundo y tememos las pérdidas terrenales más de lo que deseamos a Dios, entonces es probable que tomemos decisiones y planes de acuerdo con lo que pensamos que mantendrá nuestras vidas más cómodas. Al mirar atrás, ahora puedo ver la estricta misericordia del Señor al anular los planes que habíamos tramado para nuestras vidas, incluso planes que eran buenos y sabios. Eliminó todos los medios que nos traían comodidad y seguridad en este mundo. Fue doloroso, sí, pero también liberador.

A medida que nuestros ojos se fijan cada vez más en el temor del Señor y la confianza en sus promesas para nosotros, podemos vivir con mayor libertad para confiar y seguir el plan de Dios, en lugar de vivir esclavizados por nuestros propios planes.

2. ¿QUÉ ESTOY EDIFICANDO?

Vale la pena reflexionar regularmente en la edificación en qué estamos invirtiendo nuestro tiempo, nuestra energía y nuestro dinero. ¿Estoy trabajando tanto para formar una familia que sea financieramente segura y disfrute de comodidad y tranquilidad que rara vez me ven en casa? ¿Estoy proporcionando a mi esposa todo lo que el dinero puede comprar, pero nada que dure para siempre? ¿Estoy dando a mi iglesia mi asistencia dominical, pero estoy tan ocupado en obtener ganancias que no obtienen nada más de mí?

Sarah y yo hemos reflexionado sobre las decisiones difíciles que hemos tomado. ¿Valió la pena el costo? Si no hubiera cambiado de trabajo, todavía estaríamos viviendo en esa casa donde estábamos seguros de que envejeceríamos, con los lujos que alguna vez tuvimos. También estaríamos viviendo en un matrimonio herido, y sería una casa en la que rara vez estaría presente. Dejaríamos un legado de riqueza, pero no de amor. Entonces, ¿valió la pena el costo? Sí, indudablemente valió la pena. ¿Lo hubiéramos elegido alguna vez si el Señor no nos hubiera obligado a hacerlo? No estoy seguro de que lo hubiéramos hecho.

Amigos, no importa cuál sea su situación financiera, ¿muestra su estilo de vida que están viviendo como si esta tierra fuera su hogar? ¿Sugieren sus decisiones que lo que más necesitan su matrimonio y su familia es abundancia y comodidades terrenales?

3. ¿ES SUFICIENTE JESÚS?

He aprendido a contentarme, cualquiera que sea mi situación. Sé vivir humildemente, y sé tener abundancia; en todo y por todo estoy enseñado, así para estar saciado como para tener hambre, así para tener abundancia como para padecer necesidad. Todo lo puedo en Cristo que me fortalece (Filipenses 4:11-13).

En un período de dos años, pasamos de debatir cómo rediseñar y remodelar nuestra cocina a preguntarnos cómo alimentaríamos a nuestra familia de seis con cupones de alimentos y decidir qué tratamientos médicos no podíamos posponer a pesar de que no teníamos dinero para pagarlos. Eso fue muy difícil para mí. Yo era el proveedor de nuestra familia y ahora a menudo tenía que decir: "Simplemente, no tenemos dinero para eso en este momento". Sentía el peso y la responsabilidad de sacar a mi familia del hoyo en el que estábamos. Y, sin embargo, también estaba descubriendo que en verdad Cristo era suficiente. Nos daba lo que necesitábamos, no lo que queríamos o pensábamos que necesitábamos. Y, sobre todo, nos había salvado y nos sostenía espiritualmente. Nos había llevado al punto más bajo y allí aprendí a estar contento, independientemente de las circunstancias. Es una lección difícil de aprender, pero buena.

Todavía no es fácil. Luchamos por confiar en la dirección del Señor cuando parecía que solo nos conducía a una mayor necesidad y sufrimiento. Estamos tentados a envidiar la vida aparentemente cómoda de quienes nos rodean. Nos preguntamos por qué Dios nos permite perder todo cuando buscamos con sinceridad honrarlo en cada paso que damos. Luchamos por entender por qué Dios ha quitado incluso los recursos necesarios para los tratamientos médicos que requieren los problemas de salud crónicos de nuestra familia. Sin embargo, por su gracia, Él ha sido siempre fiel y ha suplido nuestras necesidades a su manera y a su tiempo, mientras en el proceso transforma nuestros corazones. Y a veces nos necesitamos uno al otro para recordar esto, porque por nuestra cuenta somos muy propensos a olvidarlo.

Por más difícil que haya sido, estoy agradecido de que Dios nos haya dado una muestra de abundancia, así como de necesidad. Él ha usado ambos extremos para mostrarnos que nuestro gozo y nuestra esperanza nunca estarán seguros si los colocamos en nuestras comodidades inmediatas o nuestros planes a largo plazo, en lugar de disfrutar lo que Dios nos da como un regalo de su mano y bendecirlo por eso, y aceptar lo que Dios toma como un costoso regalo y bendecirlo por eso. Cualesquiera que sean nuestras circunstancias, podemos honrar al Señor si nos contentamos con lo que hoy nos da. Por supuesto que podemos hacer planes sabios, ahorrar para el futuro y tratar de administrar bien nuestras finanzas. Sin embargo, todo puede cambiar mañana y no tenemos por qué temer si hemos aprendido que Cristo ha sido y será suficiente. Cristo es suficiente para la eternidad y por eso es suficiente para hoy.

EL CAMINO MÁS ESCABROSO ES EL MEJOR

Pasan sus días en prosperidad,
Y en paz descienden al Seol.
Dicen, pues, a Dios: Apártate de nosotros,
Porque no queremos el conocimiento de tus caminos
    (Job 21:13-14).

Hay un camino diferente y más fácil de tomar. Es una caminata próspera, a menudo tranquila, en un terreno llano cuesta abajo, que conduce a la muerte y la desdicha. Sin embargo, Dios ama demasiado a sus hijos para permitirnos tener tranquilidad a corto plazo si eso nos lleva a la pérdida de las delicias eternas en su presencia. Cuando Sarah y yo consideramos la pérdida de nuestra comodidad financiera en contraste con el gozo y el contentamiento en Cristo que hemos obtenido a cambio, no podemos hacer nada más que agradecer a Dios por su bondad hacia nosotros. Es mejor estar en el camino difícil y escabroso cuesta arriba que conduce a Cristo. En ese camino se encuentran las decisiones difíciles, y Dios, a veces (muchas veces), nos quita las cosas que amamos, pero que sabe que pueden pesarnos, para aligerar nuestra carga. Sin embargo, en ese camino estamos con Cristo y, al final de ese camino, veremos a Cristo cara a cara y lo bendeciremos por todo lo que nos ha dado y por todo lo que nos ha quitado. Es bueno transitar juntos por ese camino y ayudarnos uno al otro a mirar hacia delante cuando tropezamos y, sí, decir a nuestros hijos cuando pasamos por nuestra antigua casa que tomar este camino vale la pena.

REFLEXIÓN

1. ¿Cuál de las tres preguntas de los subtítulos de este capítulo te planteó un mayor reto? ¿Podría Dios querer mostrarte un área en la que desea darte libertad y paz?

2. ¿Has estado pensando, quizás sin darte cuenta, que Dios te bendecirá financieramente si lo sigues? ¿Cómo cambia esto tu perspectiva de Jesús y el evangelio?

3. (Juntos, si es posible) Debatan sobre qué preguntas les plantearon un mayor reto. ¿Es el dinero un área que causa tensión en su matrimonio? ¿Qué podrían necesitar cambiar en su forma de pensar, hablar o tomar decisiones?

ORACIÓN

Señor, deseo honrarte en nuestras finanzas, pero, si soy sincero, es fácil estar ansioso por lo que necesitamos y temeroso por lo que podríamos perder. Ayúdanos a disfrutar y ser sabios y generosos con lo que nos has confiado y a no poner nuestra esperanza en las riquezas terrenales. Ayúdanos a dialogar de manera franca y amable sobre los problemas financieros que enfrentamos. Examina mi corazón y muéstrame si hay algo en lo que estoy poniendo mi esperanza, y muéstrame también cómo sería esperar en ti. Que, mediante el poder de tu Espíritu, transformes nuestros corazones para que podamos confiar totalmente en ti. Amén.

Para reflexión adicional, lee Mateo 6:20; 25:14-30; 2 Corintios 4:18; 1 Pedro 4:10.

CAPÍTULO 5

Cómo amar a tu cónyuge cuando padece una enfermedad crónica

Y dijo: Desnudo salí del vientre de mi madre,
y desnudo volveré allá. Jehová dio, y Jehová
quitó; sea el nombre de Jehová bendito.

JOB 1:21

"Señor, oro para que hagas un milagro físico en mi esposa, pero, si decides no hacerlo, haz un milagro espiritual en mí para que pueda amarla bien hasta el final".

Estas fueron las palabras del Dr. Robertson McQuilkin, poco después de recibir el diagnóstico de Alzheimer de su esposa. Su respuesta atravesó mi corazón como si alguien hubiera metido la mano en mi alma y hubiera expuesto un lugar oculto de temor e inseguridad. *¿Podrá mi esposo amarme bien hasta el final, aunque nuestra vida nunca esté libre de los dolorosos efectos de las enfermedades crónicas y la discapacidad que enfrento? ¿Llegará el momento cuando el sacrificio sea demasiado grande para él? ¿Podría incluso llegar a culparlo dado el caso?*

No mucho después que dijimos "Sí, quiero", la enfermedad y el dolor crónicos comenzaron a dominar nuestra vida. Al enfrentar una prueba tras otra y las complejidades y el peso del sufrimiento prolongado, que nos han llevado al final de nosotros mismos, nuestro matrimonio se ha visto probado de maneras que jamás imaginé.

Lamentablemente, sé que no estamos solos. Según las estadísticas, las enfermedades crónicas —"aquellas que duran un año o más y requieren atención médica continua o que limitan las actividades de la vida diaria" (Departamento de Salud y Servicios Humanos de los Estados Unidos, 2010)—, afectan aproximadamente a 133 millones de estadounidenses, lo que representa más del 40% de la población. El porcentaje es similar en el Reino Unido. Eso significa que un gran número de matrimonios se ve afectado por el dolor continuo, un dolor que a menudo es invisible para los demás. Son *muchas* parejas y, sin embargo, no solemos hablar mucho de ello (y nada en absoluto si podemos ocultarlo cuando estamos en público o en la iglesia). Sin embargo, tenemos que hablar de ello, porque el dolor puede ser devastador, no solo para nuestro cuerpo y nuestro sentido de nosotros mismos, sino también para nuestro matrimonio y nuestra fe. Satanás sabía esto:

> *Todo lo que el hombre tiene dará por su vida. Pero [le dijo a Dios] extiende ahora tu mano, y toca su hueso y su carne, y verás si no blasfema contra ti en tu misma presencia (Job 2:4-5).*

El dolor físico inevitable puede crear una sensación constante de desesperación por escapar de él y obtener alivio, y afectar la perspectiva de la víctima sobre todo y todos, incluido sobre su cónyuge e incluso sobre Dios. No es de extrañar, entonces, que Satanás se aproveche al máximo de esta forma de sufrimiento y la use como un arma contra nosotros, nuestro matrimonio y nuestra relación con Cristo.

Sin embargo, alabado sea Dios que puede usar los planes del enemigo para sus propios buenos propósitos. Alabado sea Dios que nuestro matrimonio puede sobrevivir, e incluso fortalecerse, frente a esta prueba. Si tú o tu cónyuge son uno de los muchos que sufren de esta manera y están tratando de llevar adelante el matrimonio en medio de los inconvenientes particulares que este ha traído, me gustaría alentarlos. Aunque su dolor y angustia sean muy reales, no es necesario que transiten este camino solos. Si Cristo aún no ha decidido traer sanidad física, entonces promete dotarlos tanto a ti como a tu cónyuge de gracia y fortaleza duraderas para llevar la cruz que les ha confiado.

ORA POR ALIVIO, CONFÍA EN LA GRACIA PARA HOY

Para el cónyuge que padece una enfermedad crónica, siempre existe una tensión entre querer escapar del dolor y aprender a confiar en Dios y descansar en la condición que Él está permitiendo. Para el otro cónyuge, la carga es distinta, pero igualmente pesada. Llevan una pesada carga de responsabilidad, lamentan la pérdida de cómo solían ser las cosas y, lo peor de todo, se sienten impotentes y frustrados por su incapacidad para aliviar el dolor de su ser amado. Mientras cada uno de nosotros lamenta la pérdida de lo que la enfermedad crónica nos ha robado, nuestras respuestas al dolor (la nuestra o la de nuestro ser amado) no siempre son racionales y mucho menos piadosas. Personalmente, cuando estoy luchando con el dolor para poder atender a mi familia, me irrito muy fácil y rápidamente me desquito con Jeff o con los niños por algo insignificante. Por otro lado, cuando el dolor no me permite ni levantarme del sofá, Jeff puede cansarse por la carga adicional que tiene que llevar y estar tentado a ceder al resentimiento, la impaciencia y la frustración. Aunque Jeff sabe que mi dolor no es culpa mía, y sé que su deseo es amarme bien en mi dolor, ambos luchamos por no volvernos el uno contra el otro.

Aquí es donde se prueba un matrimonio. Cuando no tenemos garantía de que nuestras circunstancias cambien, nos enfrentamos a la decisión de volvernos amargados, resentidos y cerrados el uno para con el otro, o, por la gracia de Dios, volvernos a Él en nuestra decepción y nuestro dolor, en dependencia de la gracia y fortaleza de Cristo para seguir adelante y amar a nuestro cónyuge con un amor que va más allá de nosotros mismos. La decisión es tuya.

Job y su esposa también enfrentaron esa decisión. Job tenía todas las razones para dar la espalda a Dios y, sin embargo, decidió confiar en su soberanía y en el camino de la humilde sumisión:

Jehová dio, y Jehová quitó; sea el nombre de Jehová bendito… ¿Recibiremos de Dios el bien, y el mal no lo recibiremos? (1:21; 2:10).

La esposa de Job, sin embargo, no fue capaz de tener la misma respuesta que su esposo. "Maldice a Dios, y muérete", le dijo (2:9). Y, de muchas maneras, puedo sentir empatía por ella. Ella también acababa de perder a sus hijos, su riqueza y su seguridad, y ahora contemplaba impotente mientras su esposo, una vez seguro, fuerte y respetado, yacía cubierto de cenizas y gemía de agonía. Tal vez puedas comenzar a sentir su temor e impotencia. Tal vez puedas empatizar con su sentimiento de que la amargura era la única opción y que escapar era la mejor salida.

La respuesta de Job parece dura y franca, pero creo que Job está siendo amable cuando le dice: "Como suele hablar cualquiera de las mujeres fatuas, has hablado. ¿Qué? ¿Recibiremos de Dios el bien, y el mal no lo recibiremos?" (2:10). No la llama mujer fatua, sino que la caracteriza como alguien que habla *como* una mujer fatua. Refuta su pensamiento equivocado en lugar de excusarlo, pero al mismo tiempo no ataca su carácter. *No estás actuando como la mujer que sé que eres,* le dice.

Lo que decimos y cómo lo decimos marca la diferencia en esos momentos. El dolor inevitablemente hará aflorar nuestro pecado y el pecado de nuestro cónyuge. Cuando lo haga, no debemos ignorarlo y barrerlo debajo de la alfombra ni atacar a nuestro cónyuge porque está luchando. Necesitamos responder con empatía y comprensión al dolor de nuestro cónyuge, mientras le indicamos con gracia y bondad la verdad en amor. Eso es difícil.

Y también debemos estar dispuestos a escuchar la verdad, en las páginas de las Escrituras y de los labios de nuestro esposo o nuestra esposa. Cuando sentimos dolor, o cuando vemos a nuestro cónyuge sufrir de dolor, eso también resulta difícil. Sin embargo, es una decisión que debes tomar. No sabemos cómo decidió responder la esposa de Job. Aunque sabemos que Job nunca entendió la razón de su sufrimiento y, sin embargo, fue un hombre transformado debido a este, no escuchamos mucho de la esposa de Job después de su respuesta aquí. Espero que la fe de Job la haya llevado a una fe más profunda.

LOS DÍAS DIFÍCILES NO SON DÍAS SIN ESPERANZA

Si tú eres el cónyuge que sufre, como Job, o sufres junto a tu cónyuge, como el Dr. McQuilkin, puedes obtener sabiduría de sus respuestas piadosas mientras transitas el duro camino de la enfermedad crónica en tu matrimonio, no solo para sobrevivir, sino también para experimentar un amor más profundo por el Señor y uno por el otro en el proceso.

Refuta el pensamiento
equivocado en lugar de
excusarlo, pero al mismo
tiempo no ataques el
carácter de tu cónyuge.

¿Debemos orar y buscar sanidad y alivio? ¡Sí! Es importante que no nos resignemos irremediablemente a nuestras circunstancias como si nada pudiera cambiar o fuera a cambiar. Sin embargo, es igualmente importante que no oremos solo por la sanidad, sino también por sustento espiritual mientras esperamos. Necesitamos pedir a Jesús que nos dé gracia para caminar con firmeza y gozo, fortaleza para amarnos bien el uno al otro mientras caminamos y fe para tener la expectativa de una vida sin dolor.

Por la gracia de Dios, las graves pérdidas y las dolorosas pruebas que las enfermedades crónicas han traído a nuestro matrimonio no han tenido la última palabra. En cambio, ha sido una forma en que Dios nos ha dado un amor más profundo y gratificante el uno por el otro mientras descansamos en Cristo y experimentamos la abundancia de su amor inmerecido. Hemos disfrutado de una riqueza tal en nuestro matrimonio, que no estoy segura de haberlo podido hacer si no hubiera sido por el dolor que hemos experimentado. Alabo a Dios porque nos ama lo suficiente para quitarnos lo que debe quitar a fin de darnos lo que sabe que necesitamos. Nuestros días pueden ser muy duros, pero nunca carecen de esperanza y no son en vano.

Y un día, mi cuerpo estará libre del dolor, la lucha de Jeff por amarme en medio del dolor se acabará, y ambos nos maravillaremos de la bondad y fidelidad de Jesús en sostenernos hasta el final:

> *Por tanto, no desmayamos; antes aunque este nuestro hombre exterior se va desgastando, el interior no obstante se renueva de día en día. Porque esta leve tribulación momentánea produce en nosotros un cada vez más excelente y eterno peso de gloria; no mirando nosotros las cosas que se ven, sino las que no se ven; pues las cosas que se ven son temporales, pero las que no se ven son eternas (2 Corintios 4:16-18).*

Sin embargo, hasta que alcancemos ese "cada vez más excelente y eterno peso de gloria", parece que voy a vivir con algún nivel de dolor por el resto de mi vida terrenal. Así que necesito aprender a orar: "Señor, te ruego que me sanes si es tu voluntad; pero, si no es así, ayúdame a confiar en tus propósitos y a amar a Jeff como tú me has amado. Guárdame de la sofocante nube de culpa que siento por mi condición y ayúdame a confiar en que darás a Jeff la fortaleza y la resistencia para transitar este camino al que lo has llamado a transitar conmigo". Quizás también necesites hacer esta oración.

Y parece también que Jeff tendrá que amar y atender a una esposa que sufrirá todos los días del resto de nuestro matrimonio. Y estoy orando para que él esté haciendo la oración que el Dr. McQuilkin hizo: "Señor, oro para que hagas un milagro físico en mi esposa, pero, si decides no hacerlo, haz un milagro espiritual en mí para que pueda amarla bien hasta el final". Quizás también necesites hacer esta oración.

REFLEXIÓN

1. Si padeces una enfermedad o dolor crónicos, ¿cómo está afectando tu relación con Dios (quizás de manera positiva, quizás de manera negativa)? ¿Irás a Cristo cada día no solo para pedirle sanidad, sino también su presencia, su fortaleza y su paz mientras esperas en Él?

2. Si tu cónyuge padece una enfermedad o dolor crónicos, ¿sientes resentimiento hacia él o ella por las consecuencias que su dolor trae a tu vida y tu matrimonio? ¿Cómo podría Dios estar usando su enfermedad como un medio para madurar y transformar a ambos para que puedan reflejar más a Cristo? ¿Cómo puedes demostrar a tu cónyuge que lo/a amas y verlo/a como un regalo de Dios en lugar de una carga?

3. (Juntos, si es posible) Conversen sobre los inconvenientes particulares que están enfrentando, y lo que ha sido útil (y lo que no lo ha sido) para atravesar juntos las enfermedades crónicas. ¿Hay algún cambio que necesiten hacer para mejorar la comunicación y evitar aislarse el uno del otro?

____

____

____

____

____

____

4. Conversen sobre todas las formas en que han visto la fidelidad de Dios en el pasado (a dónde los ha conducido, cómo los ha transformado, cómo los ha ayudado a soportar cuando no pensaban que podían hacerlo, etc.).

____

____

____

____

____

____

ORACIÓN

Si estás luchando con una enfermedad prolongada, podrías hacer mi oración de las páginas 62-63:

Señor, te ruego que me sanes si es tu voluntad; pero, si no es así, ayúdame a confiar en tus propósitos y amar a mi cónyuge como tú me has amado. Guárdame de la sofocante nube de culpa que siento por mi condición y ayúdame a confiar en que darás a mi cónyuge la fortaleza y la resistencia para transitar este camino al que lo/la has llamado a transitar conmigo. Amén.

Si estás amando y atendiendo a alguien con una enfermedad crónica, ora como el Dr. McQuilkin:

Señor, oro para que hagas un milagro físico en mi esposo/a; pero si decides no hacerlo, haz un milagro espiritual en mí para que pueda amarlo/a bien hasta el final. Amén.

Para reflexión adicional, lee Salmos 23; Joel 2:25-27; 1 Corintios 13:4-7; Efesios 3:16-19.

CAPÍTULO 6

Aprende a liderar a tu esposa (Una palabra para los maridos)

¿No has considerado a mi siervo Job, que no hay otro como él en la tierra, varón perfecto y recto, temeroso de Dios y apartado del mal?

JOB 1:8b

Señor, ¿cómo lidero a mi familia cuando me siento tan débil? Me estoy hundiendo bajo las cargas y no puedo recuperar el aliento. Me siento impotente ante las circunstancias abrumadoras que estoy sobrellevando sin un final a la vista. Ayúdame a confiar en tu sabiduría y conocimiento infinitos y a obedecer tu llamado para mí y mi familia. Ayúdame a liderar bien a mi familia, con el uso del tiempo y los recursos que me has confiado: amar a mi esposa a pesar de las luchas que se han interpuesto entre nosotros y ser el papá que mis hijos necesitan cuando sienta que estas cosas están más allá de mi propia fuerza y sabiduría. Sea lo que sea, Señor, decido gozarme en ti y depender de ti. Soy débil, pero tú eres fuerte. Glorifica tu nombre a través de todo este quebrantamiento y este dolor.

Hace unos años, escribí esta oración durante una intensa temporada de pruebas en nuestra familia. Estaba de guardia las 24 horas del día, los 7 días de la semana, como consultor de traumatología, y a menudo tenía que elegir entre mi responsabilidad laboral y estar con Sarah en los momentos cuando más me necesitaba. Algunos días, ver sufrir a mi esposa e hijos, y sentir que les estaba fallando, era demasiado para soportar. Me pregunté cuánto tiempo más podríamos (podría yo) soportar. Las dificultades de nuestro hijo habían aumentado, nuestra familia estaba luchando con la enfermedad de Lyme, nuestra cuenta bancaria se había agotado por las facturas médicas y me sentía atrapado en un empleo que solo contribuía al estrés de nuestro hogar. Nuestro matrimonio estaba sufriendo y crecía la distancia y el resentimiento entre nosotros.

Yo reconocía mi rol como líder del hogar, pero apenas me mantenía a flote. ¿Cómo podría liderar a alguien más?

Me estaba hundiendo y estaba orando, y Dios, en su gracia, respondió y sigue respondiendo.

He aprendido que ser líder no significa que tenga que tenerlo todo resuelto o sentir que tengo el control en todo momento. En cambio, debo recordar que Dios dota a los que llama y que nos edifica a medida que dedicamos tiempo a su Palabra y la oración cada día, y aprendemos a confiar en Él con humildad y dependencia, sin eludir nuestra responsabilidad en un deseo egoísta de tranquilidad ni abusar de ella en un intento tergiversado de controlar.

Vemos este tipo de esposo y padre en Job, que lideraba a su familia y vivía una vida recta y sin mancha, en temor de Dios y apartado del mal. ¿Era perfecto? No, pero su vida se caracterizaba por buscar la piedad dentro y fuera de su hogar. Su fe se dejaba ver en cómo cuidaba de su familia, mientras oraba continuamente por sus hijos incluso ya adultos.

Puede que te sientas muy, muy lejos de Job, no tanto en su sufrimiento, sino en su respuesta al sufrimiento y en la forma en que cuidaba de su familia y se aferraba a su fe. Si te sientes así, no eres el único; y, extrañamente, vas por buen camino. Admitir delante de Cristo nuestra debilidad e incapacidad es un buen punto de partida. Por la gracia de Dios, y con su ayuda, podemos progresar y ser los hombres que nuestras familias quisieran y necesitan que seamos.

SACRIFICIO, NO SUPERIORIDAD

Primero, debemos comprender el llamamiento supremo que se nos ha hecho como esposos, y para ello no debemos considerar nuestro propio matrimonio, sino el matrimonio de Cristo con su pueblo escogido, la Iglesia. Ese es el modelo que nuestros matrimonios están destinados a reflejar. El teólogo e historiador Geoffrey Bromiley lo describió de esta manera: "Tal como Dios hizo al hombre a su propia imagen, así hizo al matrimonio terrenal a imagen de su propio matrimonio eterno con su pueblo" (*God and Marriage*, p. 43). "Porque el marido es cabeza de la mujer, así como (es decir, de la misma manera que) Cristo es cabeza de la Iglesia, la cual es su cuerpo, y él es su Salvador" (Efesios 5:23). Tu matrimonio ha sido diseñado para reflejar y mostrar la naturaleza de la relación entre Jesús y su pueblo.

Entonces, este "liderazgo" al que estamos llamados no se trata de superioridad, sino de sacrificio:

> *Maridos, amad a vuestras mujeres, así como Cristo amó a la iglesia, y se entregó a sí mismo por ella, para santificarla, habiéndola purificado en el lavamiento del agua por la palabra, a fin de presentársela a sí mismo, una iglesia gloriosa, que no tuviese mancha ni arruga ni cosa semejante, sino que fuese santa y sin mancha (Efesios 5:25-27).*

La vida de Cristo en la tierra nos da un modelo para nuestra relación matrimonial. Lideramos como amamos, y debemos amar "así como Cristo amó a la iglesia, y se entregó a sí mismo por ella" (v. 25):

> *Así también los maridos deben amar a sus mujeres como a sus mismos cuerpos. El que ama a su mujer, a sí mismo se ama. Porque nadie aborreció jamás a su propia carne, sino que la sustenta y la cuida, como también Cristo a la iglesia, porque somos miembros de su cuerpo, de su carne y de sus huesos (vv. 28-30).*

Cuando Cristo vino a la tierra, no lideró a sus seguidores abusando de su poder para beneficio personal o avergonzándolos o coaccionando a que lo siguieran. Sí, lideró con fuerza, verdad y autoridad, pero también se caracterizó por la bondad, la compasión y el amor sacrificial. Como esposos, estamos llamados a seguir el ejemplo de Cristo, en ejercer el liderazgo con nuestro servicio, y dar amor con nuestra dedicación y hacer lo que podamos para que nuestro hogar sea un hogar donde nuestra esposa se sienta protegida y donde se resalte la semejanza a Cristo.

El teólogo Joel R. Beeke lo describe de esta manera:

> *Haz sacrificio por ella. Suple sus necesidades y ámala como amas tu propio cuerpo. Dale tus pensamientos, tu tiempo, tu conversación, tu ternura y tus caricias, pero asegúrate de acariciar su corazón antes de acariciar su cuerpo. Deja de administrar tu amor en cucharadas pequeñas según lo que ha hecho por ti últimamente. Empieza a prodigarle amor conforme a las infinitas riquezas del amor de Cristo por ti… El regalo más importante que puedes dar a tu esposa no es dinero, una casa, un automóvil, joyas o incluso tú mismo. El mejor regalo que puedes darle es conducirla a Dios para que ella pueda glorificarlo y gozar de Él para siempre. De manera que háblale de la Palabra de Dios. Ora por su alma (How Should Men Lead Their Families?, p. 14).*

Hermanos, no debemos pasar por alto este aspecto de nuestro liderazgo. Con demasiada frecuencia, los consejos matrimoniales se limitan a exhortar a los hombres a asumir el liderazgo en el hogar, pero no explican cómo debemos hacerlo con un corazón que sustente, cuide y adore a nuestras esposas.

- *Sustentar* a tu esposa significa que tú eres el que suple sus necesidades: no solo sus necesidades materiales; sino también físicas, emocionales y espirituales. No les hacemos ningún favor a nuestras esposas cuando pensamos que lo que más necesitan de nosotros es que traigamos dinero a casa, juguemos con los niños y las persigamos físicamente. Sustentarla requiere una atención abnegada y una inversión en el matrimonio. Anima a tu esposa y procura conocer su corazón: sus intereses, miedos, inseguridades, metas, fortalezas y debilidades. El objetivo de sustentar tu matrimonio es verlo crecer, desarrollarse y madurar, de modo que ofrezca una imagen cada vez más clara del matrimonio de Cristo con la Iglesia. Por tanto, debemos estar dispuestos a invertir nuestra propia vida de todo corazón en la mujer con la que nos casamos.

- Cuando *cuidas* de tu esposa, la ves como una hija de tu Padre celestial. Es un regalo precioso, que no debe ser víctima de maltrato, desdén o abuso. Debes edificarla en Cristo, mediante un tierno y genuino cuidado y protección. Mira a tu esposa como Adán miró a Eva, la única mujer en la tierra para ti. No hay otra mujer que deba cautivar tu corazón como tu esposa. Si luchas por sentirte así en este momento, pide a Dios que te ayude a verla como Él la ve. Cuando cuidas de ella, tu corazón disfruta más del gozo y placer de tu esposa que del tuyo propio.

- Por último, *adorar* a tu esposa es verla hermosa, por dentro y por fuera. Es insistir en lo mejor de ella; celebrar de qué manera se parece a Cristo y animarla a ser cada vez más como Él; verla como lo hace Cristo y ayudarla a verse como Cristo la ve.

Con frecuencia, esto no es algo natural, especialmente cuando la tensión, la desconfianza o el dolor ya se han arraigado en nuestro matrimonio o cuando las pruebas nos sacuden. Es posible que te sientas lejos de poder dar un paso al frente y cumplir con un llamado tan sublime. Tal vez en el presente no tengas ningún deseo real de hacerlo o estés luchando con una debilidad física o mental, pero ninguno de nosotros está abandonado a nuestros propios recursos y nuestras propias fuerzas. Parte del fruto del Espíritu, cuando crece en el corazón de un esposo, es este tipo de liderazgo. De manera que es obra del Espíritu y podemos (y debemos) orar por ello, procurarlo y confiar en que el Espíritu nos hará crecer en él. Podemos pedir a Jesús, a través de su Espíritu, que nos dé su amor por nuestra esposa y la fortaleza para asumir el rol que Dios nos ha dado. Podemos pedirle que nos abra los ojos al pecado, las áreas de debilidad y los retos que obstaculizan nuestro liderazgo.

Hermano, solo hay dos cosas que nos impiden ser los esposos que Cristo nos llama a ser y que nuestras esposas necesitan que seamos: tu pecado y el pecado de ella. El pecado de un esposo puede hacer que se aleje del liderazgo por miedo o pereza, o que sea duro en el liderazgo por orgullo o egoísmo. Y nuestras esposas son pecadoras —salvas y bellas, pero pecadoras—, y eso puede hacer que el liderazgo amoroso sea un trabajo duro, particularmente si no es el patrón establecido de la relación hasta el presente. Sin embargo, aun así, estamos llamados a hacerlo; aun así, debemos hacerlo, no a la perfección, sino de manera deliberada y en oración.

DALE FUERZAS

Esposas, si están leyendo esto, su aliento y apoyo es más valioso de lo que creen. Muchos de nosotros, los maridos, sentimos el peso y la gran responsabilidad de nuestro llamado como cabeza de familia más de lo que a menudo verbalizamos. Puesto que luchamos por ser un marido piadoso y a menudo no llegamos a ser el hombre y el esposo que deseamos ser, valoramos mucho todo el tiempo, el espacio, el aliento y la gracia que nos brindan para crecer en el liderazgo. Ante todo, observen, reconozcan y oren por la semejanza de Cristo en nosotros.

Hombres, como líderes que siguen al Líder que llevó la cruz, debemos estar más preocupados por el bienestar y el corazón de nuestra esposa que por nuestra propia vida y comodidad. La maravillosa verdad es que, así como Cristo entregó su vida por el gozo puesto delante de Él (Hebreos 12:2), experimentaremos gozo y satisfacción al andar en los mandamientos de Dios, mientras lideramos, amamos, sustentamos, cuidamos y adoramos a nuestras esposas de tal manera que les sea fácil seguir nuestro liderazgo.

Habrá momentos cuando sentirán que están lejos de esto. Ningún matrimonio es perfecto. Rara vez es fácil liderar. Si esta es tu situación actual, acude a Cristo y pídele que te dé fuerzas para dar el siguiente paso. La perfección no se logrará de este lado del cielo, y eso está bien. Podemos paralizarnos al pensar en lo que parece inalcanzable, pero, si confiamos en Jesús, Él promete capacitarnos para aquello a lo cual nos ha llamado. En lugar de desmoralizarte porque nunca vas a ser como Jesús, o darte por vencido porque nunca vas a ser como Jesús, solo procura ser un esposo más semejante a Cristo hoy de lo que fuiste ayer.

Hay una alegría extraordinaria en dar tu vida por la mujer que

Dios te ha confiado por un tiempo. Qué privilegio y responsabilidad se te ha concedido de amar y proteger a una hija del Rey. Susténtala. Cuídala. Adórala. Demuéstrale que lucharás por ella sin importar el costo. Ámala bien al amar más a Cristo.

73

REFLEXIÓN

1. ¿De qué manera entender que tu rol como esposo es amar y liderar abnegadamente a tu esposa, como Cristo lo hace con la Iglesia, te alienta, te convence de pecado o te desafía?

2. Si te abruma el llamado que la Biblia hace a los esposos (¡y aunque no te abrume!), ¿en qué área de tu matrimonio le pedirás a Dios que te haga crecer esta semana? ¿Cómo sería progresar en un liderazgo amoroso en dicha área?

3. ¿De qué formas te gustaría crecer para sustentar, cuidar y adorar a tu esposa?

4. (Juntos, si es posible) Pide a tu esposa que te mencione tres formas en las que la amas abnegadamente; y dos formas en las que le gustaría que oraras y trabajaras para amarla mejor.

5. Esposas: Anima a tu esposo de manera que demuestre que valoras su liderazgo (aunque sea en pequeñas cosas) y cuéntale de qué manera sientes (o te gustaría sentir) que te sustenta, cuida de ti y te adora. Pregúntale cómo puedes apoyar y orar por su liderazgo.

ORACIÓN

Padre celestial, gracias por el perfecto ejemplo de tu Hijo sobre cómo es el liderazgo abnegado. Por tu gracia, Señor, moldéame y transfórmame en el hombre y marido piadoso que has destinado que sea. Señor, muéstrame cómo amar de una manera que edifique a mi esposa y glorifique tu nombre. Haz que nuestro matrimonio refleje mejor a Cristo. Señor, tú conoces cuánto lucho por amar a mi esposa de manera sacrificial. Señor, te ruego que me muestres las fallas que aún no he notado. Perdóname por no amar y liderar bien a tu hija en todo momento. Gracias porque tus misericordias para conmigo y para ella son nuevas todos los días; dame un corazón que esté concentrado en ti y que pueda reflejar más de ti hoy que ayer. Decido confiar en ti, Señor, y oro para que lo que estás permitiendo en nuestro matrimonio sirva para tus propósitos. Amén.

Para reflexión adicional, lee 1 Corintios 11:1-3; 16:13-14; Efesios 5:25-33.

CAPÍTULO 7

Aprende a seguir a tu esposo (Una palabra para las esposas)

Entonces le dijo su mujer: ¿Aún retienes tu
integridad? Maldice a Dios, y muérete.

Job 2:9

El hecho de que esté escribiendo un capítulo sobre la sumisión es tanto gracioso como preciado para mí. Nunca he sido de las que disfrutan de recibir órdenes. Si me decían que fuera a la derecha, iba a la izquierda. Si me decían que me callara, de repente tenía mucho que decir. Aunque Dios ha usado mi fuerte voluntad para sus buenos propósitos, mi espíritu obstinado también me ha llevado por algunos caminos dolorosos en mi vida. Mi resistencia a la idea de someterme solo se fortaleció más a través de experiencias en las cuales me lastimaron en momentos de vulnerabilidad. No, la sumisión no es algo que me haya resultado natural.

SUMISIÓN AL RESCATE

El problema con la palabra "sumisión" es que nuestra mente y nuestro corazón la relacionan naturalmente con el "matrimonio", cuando en realidad debería relacionarse con el "discipulado". La sumisión debería hacernos pensar no tanto en el hecho de ser esposa como simplemente en lo que significa ser cristiana. La sumisión es la actitud básica del cristiano, y es buena, alegre y positiva porque, en definitiva, nos estamos sometiendo al perfecto Señor Jesús, que nos promete:

> *Venid a mí todos los que estáis trabajados y cargados, y yo os haré descansar. Llevad mi yugo sobre vosotros, y aprended de mí, que soy manso y humilde de corazón; y hallaréis descanso para vuestras almas; porque mi yugo es fácil, y ligera mi carga (Mateo 11:28-30).*

Al someternos a Cristo y confiar en su guía, recibimos su yugo —su enseñanza, su carácter y su autoridad— y encontramos descanso para nuestra alma. Someterse a Cristo como Señor no es solo un mandamiento, sino el camino hacia la libertad y el descanso. No es de extrañar, entonces, que también sea un área donde Satanás trabaje arduamente para distorsionarla y socavarla desde el principio de los tiempos. El autor P. B. Wilson escribió: "Hay pocas áreas en la vida que Satanás no haya intentado pervertir, pero la sumisión a la autoridad siempre ha estado entre las primeras en su lista de prioridades" (*Liberated Through Submission*, p. 102).

Nunca entenderemos ni aceptaremos la idea de que una mujer se someta a su esposo a menos que primero comprendamos que la sumisión en el matrimonio está destinada a reflejar la más importante sumisión que es a Cristo:

> *Las casadas estén sujetas a sus propios maridos, como al Señor; porque el marido es cabeza de la mujer, así como Cristo es cabeza de la iglesia, la cual es su cuerpo, y él es su Salvador. Así que, como la iglesia está sujeta a Cristo, así también las casadas lo estén a sus maridos en todo (Efesios 5:22-24).*

Tal vez hayas sido testigo de un maravilloso ejemplo de sumisión bíblica y, a pesar de la mala prensa que se ha dado a la palabra, has visto la bendición de vivir el diseño de Dios. Si esta es tu situación, ¡considéralo como un gran regalo!

Sin embargo, muchas otras se cuestionan cómo puede ser una bendición el acto de someterse. Puede que solo la idea de la sumisión suene obsoleta, pero puede que la palabra te haga erizar la piel o te haga hervir la sangre, porque has experimentado o visto un liderazgo abusivo o dominante que tergiversaba los mandamientos de la Biblia para excusar lo que en realidad era pecado. Quizás, por tu experiencia, la sumisión significa para ti que te traten como un ser inferior, sentir que no eres amada, que no tienes voz y que se aprovechen de ti.

Si esa es tu situación, lo siento mucho. Me duele por ti y por las dañinas distorsiones que has experimentado, especialmente cuando se ha tolerado y excusado el mal. Por favor, escúchame: este tipo de "liderazgo" no es bíblico y va en contra del corazón mismo de Dios; y Él promete que algún día todos deberán rendir cuentas. Sin embargo, no huyas de la sumisión bíblica porque hayas experimentado la profunda herida del abuso no bíblico.

¿Cómo debería ser la sumisión de una esposa a su esposo? Necesitamos entender que cada uno de los mandamientos de Dios de sumisión está arraigado y anclado en nuestra sumisión al Señor (un mandato dado tanto al esposo como a la esposa), y destinado a reflejar el evangelio.

Así como Dios el Padre, Jesús el Hijo y el Espíritu Santo son igualmente Dios, pero son distintos y cumplen roles únicos, los hombres y las mujeres son igualmente creados a la imagen de Dios, igualmente valiosos (Génesis 1:26-28), pero cada uno creado para mostrar de forma única diferentes facetas de nuestro Creador. Decir que el esposo es más importante (de más valor o mérito) que la esposa sería como decir que el Padre es más importante que el Hijo, lo cual va en contra de las Escrituras (por ejemplo, Juan 5:21-23). Es en ese contexto que debemos leer la Palabra de Dios a los esposos y esposas en Efesios 5.

Aunque esta verdad puede parecer opresiva para quienes miran a través del lente distorsionado de nuestra cultura, cuando los roles de esposo y esposa se viven bíblicamente, no solo transmite vida al matrimonio, sino también un hermoso reflejo del evangelio. Encuentro sumamente útil la descripción de Christina Fox:

> *Los roles únicos que los hombres y las mujeres tienen en el matrimonio sirven como un mensaje vivo del evangelio. El esposo refleja el amor que Jesús mostró al dar su vida por la Iglesia. Y luego la esposa refleja la sumisión de la Iglesia a su Esposo: la confianza y el respeto de la Iglesia… La Iglesia sigue a Jesús como su cabeza y usa sus dones para llevar a cabo su misión en este mundo. Asimismo, la esposa respeta y cede*

al liderazgo de su esposo mientras usa sus dones para comple-
mentar sus buenos propósitos para su matrimonio y su familia
(Designed for Joy, pp. 69-70).

El llamado de una mujer a la sumisión está muy lejos de que la traten como un felpudo. Más bien, es un llamado a ser una mujer de fe fuerte, sabia e intrépida que está adornada con una serena confianza; no para gobernar a su esposo, sino para honrarlo y ayudarlo a cumplir el sublime llamado de liderar de una manera que refleje a Cristo. No es una imposición de igualdad o servidumbre, sino una celebración de la diferencia. La sumisión no devalúa a las mujeres; de hecho, muestra cuán valiosas somos a los ojos de Dios. Es como si Él dijera a nuestro esposo: "Hijo, ama a mi hija y da tu vida por ella como yo lo he hecho por ti. Protégela, sírvela, cuídala y lidérala de una manera que le permita a ella reflejar más de mí. Así de preciosa es ella para mí". Y nos dice como esposas: "Hija, usa tus dones y fortalezas para apoyar, alentar y honrar a tu esposo de una manera que lo ayude a cumplir su gran responsabilidad de guiarte y amarte bien".

CUANDO LOS MATRIMONIOS NO CUMPLEN CON EL DISEÑO DIVINO

El propósito de Dios para el matrimonio es reflejar el evangelio y darle la gloria, mediante el liderazgo amoroso del marido y la sumisión amorosa de la mujer. Sin embargo, es importante reconocer que muchos matrimonios no cumplen con el diseño de Dios.

Si estás sufriendo en tu matrimonio debido al abuso o una adicción como la pornografía, comunícate con un pastor u otro líder cristiano para recibir consejo. Si no estás segura en tu matrimonio, vete (y llévate a tus hijos) y busca ayuda. Si bien Dios puede redimir y sanar incluso las relaciones que parecen no tener esperanza, nunca nos pide que nos sometamos a una situación abusiva o dañina, o que la superemos solas. Si tu esposo alguna vez te pide que peques, te trata de una manera dañina o te "lidera" por medio del temor, mostrarás tu amor por él y por tu Señor si te niegas a someterte al pecado y tratarlo como algo normal o aceptable.

UNA SEGUIDORA ENTUSIASTA

Sin embargo, para la mayoría de nosotras, el reto de seguir el liderazgo de nuestro esposo no proviene de su pecado, sino de nuestro propio deseo de tener el control. Estas luchas solo aumentan cuando las presiones y pruebas externas comienzan a apremiarnos.

Vemos esto en la respuesta incrédula de la esposa de Job en Job 2:9, mientras luchaba por seguir el liderazgo piadoso de Job durante un momento crucial (y profundamente doloroso) de sus vidas: "¿Aún retienes tu integridad?" —lo desafía— "Maldice a Dios y muérete". Aquí estaba una mujer que luchaba y no podía someterse a Dios y las circunstancias devastadoras que Él había permitido. Y, debido a su falta de confianza y sumisión al Señor, trató de inducir a su marido a maldecir al Todopoderoso.

Por supuesto, tal vez no animes a tu esposo a maldecir a Dios, pero qué fácil es tratar de liderar y resistir el llamado a someternos cuando la vida es difícil o cuando nuestro esposo no hace lo que creemos que debería hacer. Cuando nuestra vida cambia drásticamente (nos diagnostican una enfermedad que nos cambia la vida, no podemos tener hijos, nuestro esposo pierde su trabajo, etc.), nuestra respuesta a la decepción y nuestro deseo de tener el control pueden poner en evidencia las luchas que nunca hemos reconocido en nuestro corazón y nuestro matrimonio. El temor por lo que nos espera más adelante, el dolor por lo que hemos perdido y la incredulidad pueden motivarnos no solo a responder con incredulidad, sino también a pasar por encima del liderazgo de nuestro esposo (o la falta de él) y tomar el control de cualquier manera que podamos.

Estos son momentos para recordar que la sumisión es parte de nuestro discipulado, que podemos agradar a Dios mientras seguimos a nuestro esposo, que la sumisión no es sumisión si depende de que estemos de acuerdo con las decisiones de nuestro esposo, y que cada vez que decidimos sacrificar nuestros propios deseos para someternos (a menos que nos conduzca a pecar o nos cause daño), estamos fortaleciendo nuestro matrimonio.

Sin embargo, al mismo tiempo, también debemos usar la sabiduría y el discernimiento que Dios nos ha dado para alentar y trabajar junto a nuestro esposo en las decisiones que hay que tomar en la vida, y oponernos con valentía y respeto contra cualquier cosa que deshonre al Señor. Como señalan Eric Schumacher y Elyse Fitzpatrick sobre el valiente relato de Abigail en 1 Samuel 25 (quien tomó medidas, sin el permiso o conocimiento de su esposo, por el bien de la justicia):

Aunque las esposas cristianas están llamadas a someterse al liderazgo piadoso de su marido, eso no significa que deban permanecer en silencio y no hacer nada mientras la necedad de su esposo trae destrucción sobre sí mismo y sobre los demás (Worthy, p. 131).

Es bueno y correcto someterse a un liderazgo piadoso (aunque imperfecto) y animar a nuestro esposo a hacerlo. Es igualmente bueno y correcto oponerse con valentía a lo que es impío para honrar a Cristo.

MUY BIEN, ¿CÓMO SE LLEVA ESTO A LA PRÁCTICA?

Aunque será ligeramente diferente para cada una de nosotras en su expresión externa, honrar a nuestro esposo debe reflejarse en nuestros pensamientos, nuestras palabras y nuestras acciones, y debe estar motivado por el "espíritu afable y apacible" del que Pedro escribe en su primera carta:

Vuestro atavío no sea el externo de peinados ostentosos, de adornos de oro o de vestidos lujosos, sino el interno, el del corazón, en el incorruptible ornato de un espíritu afable y apacible, que es de grande estima delante de Dios (1 Pedro 3:3-4).

Un espíritu afable es aquel que refleja mansedumbre y humildad, no debilidad o inferioridad. Comienza con la disposición de nuestro corazón y se refleja a través de una actitud de fortaleza dócil y apacible en la forma en que hablamos y actuamos hacia nuestro marido. Es lo opuesto a ser manipuladora o exigente o a estar dominada por el miedo.

Del mismo modo, un espíritu apacible no se refiere al volumen o la cantidad de palabras que se expresan, porque podemos y debemos ser

En las áreas más difíciles
de tu matrimonio, tienes
la gran oportunidad de
reflejar el evangelio.

aliados en igualdad de condiciones en todos los ámbitos de la relación, sino a estar resueltas y firmes, y ser lentas a las críticas y la dureza. Si vivimos de esta manera, no solo seremos personalmente bendecidas con paz y libertad, sino que vivificará la relación con nuestro esposo.

Si tomamos con humildad y serena confianza nuestras discusiones, nuestros desacuerdos y los desafíos que enfrentamos como pareja, eso ayudará a nuestros maridos a escuchar nuestros sentimientos y nuestros consejos y nos permitirá trabajar juntos como una alianza unida. Así mismo, estaremos menos inclinados a hablar o menospreciar a nuestros maridos cuando expresan una opinión diferente. Nos permitirá usar nuestros dones y fortalezas, sin dejar de honrarlos y ayudarlos a vivir su llamado a liderar, servir y amar de manera abnegada.

Al fin y al cabo, no existe un manual de instrucciones para la sujeción dentro del matrimonio. Más bien, se trata de buscar en oración vivir de acuerdo con el diseño de Dios mientras enfrentan las decisiones y preferencias con amor y respeto, y honran el compromiso del uno con el otro y con los roles que Dios ha establecido para cada uno de ustedes. Tu esposo es un pecador, y no siempre hará las cosas bien. No exijas perfección ni uses sus fallas como excusa para no caminar en obediencia al Señor. En cambio, elógialo cuando lidere con amor y anímalo amablemente a dar un paso al frente y liderar cuando tenga la tentación de no hacerlo.

REFLEJA EL EVANGELIO

Me pregunto cuán diferentes podrían haber sido las cosas para Job y su esposa si ella se hubiera sometido al Señor por la fe y le hubiera entregado su aflicción, su tristeza y su dolor, y luego hubiera animado a su esposo a guiarla en sus luchas, en lugar de desafiarlo a seguirla por el camino de la infidelidad. En lugar de ser un momento de división, podría haber sido una oportunidad para que ella honrara a Dios al seguir el ejemplo de Job. ¡Qué momento tan poderoso podría haber sido para ellos estar firmemente unidos y experimentar la bendición de caminar uno al lado del otro en fe en medio de su dolor!

Si tu matrimonio es como el mío, habrá áreas donde te resultará más fácil someterte y áreas donde te resultará difícil y costoso. En esas áreas más difíciles, tú decides cómo responder y tienes una gran oportunidad de reflejar el evangelio en tu manera de tratar a tu esposo (ya sea que él "lo merezca" o no). Por la gracia de Dios, Él nos dé poder para honrar, respetar y apoyar a nuestros maridos como los hombres que Dios ha llamado a liderarnos y amarnos… por la dicha de nuestros matrimonios y el glorioso propósito de reflejar a Cristo y su Iglesia.

REFLEXIÓN

1. ¿Pensabas que la sumisión era diferente a la que hemos visto en la Palabra de Dios en este capítulo? ¿De qué manera? ¿Te han enseñado que un "espíritu afable y apacible" significa que no tienes la misma voz o el mismo valor dentro del matrimonio? Si es así, ¿cómo ha desafiado este capítulo tal punto de vista y te ha animado a ver que, aunque un esposo y una esposa tienen roles diferentes, poseen el mismo valor y la misma voz al usar los dones, las fortalezas y las responsabilidades que Dios les ha dado de una manera que honra a Cristo y bendice la relación?

2. ¿De qué manera luchas por someterte a lo que Dios ha permitido? ¿Qué miedo o incredulidad te impide confiar en el control de Dios sobre tu vida? ¿Cómo sería un espíritu de sumisión lleno de confianza?

3. Esposa, ¿hay áreas que el Espíritu Santo te ha traído a la mente donde te cuesta honrar y respetar a tu esposo (en pensamientos, palabras o acciones)? ¿Le pedirás a Dios que te dé tanto el deseo como la capacidad de honrar, apoyar y ayudar a tu esposo a cumplir su llamado al liderazgo piadoso?

____

____

____

____

____

____

4. Esposo, ¿hay alguna forma en que has visto o usado incorrectamente estos versículos sobre la sumisión como una excusa para ejercer control y obtener una ganancia egoísta? ¿Vives con tu esposa de una manera que la valora y la anima a expresar sus pensamientos, sus opiniones y su sabiduría?

____

____

____

____

____

____

5. (Juntos, si es posible) Conversen sobre los pensamientos y sentimientos que surgen cuando piensan en la sumisión y de qué manera su pasado o su educación han incidido negativa o positivamente en su perspectiva de la sumisión bíblica (tanto al señorío de Cristo como dentro del matrimonio). Conversen sobre las áreas donde ha sido difícil la sumisión al Señor y donde quieren crecer en su confianza y obediencia.

ORACIÓN

Señor, confieso que a menudo me cuesta someterme a tu plan para mí, incluido tu diseño para el matrimonio. Me cuesta soltar el control y me resulta difícil confiar en que lo que permites en mi vida es verdaderamente para mi bien y la eternidad. Ayúdame a crecer en un espíritu de humildad y fe, a someterme de todo corazón a ti como Señor y a creer que tu plan para mí es bueno, incluso cuando no me gusta. Jesús, en un mundo que nos dice que seamos independientes y fuertes, es difícil ver la sumisión en el matrimonio como una bendición. Te ruego que cambies mi perspectiva de lo que es la sumisión piadosa y que abras mis ojos a la bondad y la belleza de honrar y someterme a mi esposo, a pesar de la resistencia que a veces siento dentro de mí. Hazme una mujer que te tema, te honre y confíe en ti por encima de todas las cosas, y que crezca en mí un espíritu afable y apacible que honre a mi esposo y glorifique tu nombre. Amén.

Para reflexión adicional, lee Romanos 13:1-7; Santiago 4:7; 1 Pedro 3:5-6.

CAPÍTULO 8

Solo Dios puede cambiar el corazón: Cuando tu cónyuge te falla

*Mi aliento vino a ser extraño a mi mujer, aunque
por los hijos de mis entrañas le rogaba.*

Job 19:17

*Él nunca entenderá cómo me siento realmente. No estuvo ahí para mí
cuando más lo necesitaba, entonces, ¿cómo puedo confiar en él cuando
no puede ver cuánto me ha herido?*

Después de días de acaloradas discusiones, lágrimas y heridas sin
sanar, me preguntaba si había alguna forma de seguir adelante. Por un
lado, era un milagro que todavía siguiéramos juntos después de todo lo
que habíamos pasado: mi enfermedad crónica, el trabajo de guardia de
Jeff las 24 horas del día (los 7 días de la semana durante 9 años), un hijo
con necesidades especiales, cuatro niños con la enfermedad de Lyme, la
pérdida del trabajo, problemas económicos, varias cirugías importantes
y problemas de intimidad… Y, sin embargo, por otro lado, habíamos
estado en modo de supervivencia durante tanto tiempo, que ninguno
de nosotros había tenido el tiempo o la energía para enfrentar lo que se
estaba gestando bajo la superficie. Con retos importantes que exigían
nuestra atención constante, las cosas que parecían menos urgentes (esas
heridas y desacuerdos) se quedaron en el camino.

Luego nos encontramos en una breve temporada de leve respiro y
esas cosas "menores" comenzaron a exigir atención. Sentimientos que
ni siquiera me había dado cuenta de que estaba cargando comenzaron a hacer ebullición en mí. Problemas de ira, resentimiento, dolor y

confianza comenzaron a estallar como si un volcán emocional hubiera estado hirviendo bajo la superficie durante demasiado tiempo.

Por primera vez en nuestro matrimonio, empezamos a comprender la facilidad con la que las parejas llegan a un punto de ruptura del que escapar parece ser la única respuesta. Aunque nunca verbalizamos o actuamos según estos pensamientos, sé que estaban ahí.

Intenté hablar con Jeff de cómo las capas de heridas y las experiencias dolorosas que había atravesado día tras día habían dejado profundas cicatrices. ¡Cuánto anhelaba que Jeff viera, comprendiera y atendiera mi corazón herido! Sin embargo, cada vez que intentaba describir mi dolor y lo que pensaba que él necesitaba escuchar, y trataba de articular mis sentimientos de una manera que él pudiera entender, solo me iba más desanimada y enojada. Me pareció evidente que él tenía que cambiar para que pudiéramos seguir adelante; y, si podía ayudarlo a ver dónde necesitaba cambiar, estaríamos en el camino hacia una restauración.

No sé cuánto tiempo me tomó darme cuenta de la inutilidad de mis intentos de convencerlo de que "me viera" de la manera que pensaba que necesitaba verme. Sin embargo, llegó un momento cuando el Señor comenzó a mostrarme que, aunque mi deseo de sanar no estaba mal, mi único problema era que estaba concentrada en Jeff. Mientras intentaba abrir los ojos de mi esposo, el Señor estaba abriendo los míos. Después de semanas de discusiones agotadoras y tensión entre nosotros, comencé a llevar cada vez más mi dolor y mis frustraciones al Señor. Dejé de suplicarle a Jeff y comencé a suplicarle al Señor.

Señor, ayúdame a apartar los ojos de mi esposo y de lo que creo que necesito de él, y a entregarte mis heridas, mis miedos y mis deseos. El Salmo 139 dice que tú eres el único que me ve y me conoce por completo, y solo tú puedes satisfacer mis anhelos más profundos. Te ruego que me ayudes a ver mi propio pecado y a no magnificar el suyo por encima del mío. Dame una mayor comprensión de la misericordia y el perdón que has mostrado por mí y, en tus fuerzas, ayúdame a confiarte a Jeff y nuestro matrimonio. Si te parece bien, abre sus ojos para ver cómo me ha herido y dame la humildad para ver cómo yo lo he ofendido. Solo tú puedes reconstruir nuestro matrimonio sobre una base de amor y confianza en ti como nuestro Salvador.

Te ruego que tomes este quebrantamiento —mi quebrantamiento— y construyas algo maravilloso y duradero. Sin embargo, Señor, aunque nunca pasemos esta situación, ayúdame a amar a Jeff mediante un desbordamiento de tu amor por mí. No puedo hacer esto en mis propias fuerzas.

Cuando comencé a orar y a pasar más tiempo en la Palabra de Dios cada día, sentí que una carga comenzaba a levantarse de mis hombros. En vez de tratar de pensar en otra manera de explicar mis motivos a Jeff, comencé a contarle cómo Dios me estaba haciendo crecer, incluso confesarle en qué cosas lo había ofendido, pero que había sido demasiado ciega para ver. En lugar de tratar de convencer a Jeff de que necesitaba cambiar, confié que Dios haría la obra de cambio en él como mejor le pareciera.

Aunque seguimos teniendo muchas conversaciones duras y sinceras, se volvieron cada vez más fructíferas. Increíblemente (pero no sorprendentemente), cuando dejamos de intentar cambiarnos el uno al otro y comenzamos a pedir a Cristo que cambiara nuestro propio corazón, Dios comenzó a hacer una obra más profunda en cada uno de nosotros, y una maravillosa obra de restauración comenzó en nuestro matrimonio. Esa temporada de luchas para nosotros ahora se ha convertido en una muestra de la fidelidad de Dios.

Aunque las circunstancias variarán, muchos matrimonios experimentan luchas similares, que probablemente se magnifiquen para aquellos que han soportado un sufrimiento más extremo. A veces llegan cuando la tormenta está en su punto más feroz, pero a menudo golpean cuando la tormenta misma ha estallado y ha dejado algunos escombros para resolver después.

Seamos realistas: dos pecadores que viven bajo el mismo techo están destinados a lastimarse, pecar y malinterpretarse el uno al otro, y mucho. Además de eso, cada uno de nosotros tiene temperamentos únicos, diferentes influencias del pasado, diferentes grados de madurez espiritual y perspectivas distintivamente masculinas o femeninas, todo lo cual hace que las cosas sean aún más interesantes.

No creo que seamos la única pareja que sabe lo que Job estaba tratando de expresar cuando dijo: "Mi aliento vino a ser extraño a mi mujer, aunque por los hijos de mis entrañas le rogaba" (Job 19:17). Su sufrimiento (y sus diferentes respuestas al mismo) creó una distancia entre ellos. Por alguna razón, ya fuera porque a ella le molestaba su continua confianza en el Señor o porque su enfermedad lo volvía físicamente repulsivo, él era muy consciente de la distancia entre ellos.

¿Cómo evitamos que las cosas lleguen a ese punto? O, si ya lo han hecho, ¿qué se necesita para seguir adelante?

LA PERSONA QUE NECESITAS NO ES TU CÓNYUGE

Si lo entendemos al revés, entonces nuestra búsqueda de la alegría y nuestro deseo de que nos conozcan y nos amen de manera incondicional estará dirigido principalmente el uno al otro, lo que nos hará sentir frustrados, decepcionados y heridos en nuestro matrimonio cuando nuestras "necesidades" y deseos no se satisfagan. De hecho, disfrutarás más de tu cónyuge cuando no estés esperando que él o ella sea todo lo que necesitas, o cuando no le exijas que cambie para convertirse en quien tú quieres que sea, y luego te resientas cuando no lo haga o no pueda hacerlo, o incluso cuando nunca llegue a hacerlo (si no es creyente o si, por el momento, no tiene intención de considerar el estado de su propio corazón).

La verdad es que siempre habrá algo que desees cambiar de tu cónyuge (desde pequeñas molestias hasta decisiones pecaminosas y dañinas), y siempre habrá cosas que tu cónyuge desee cambiar de ti. Sin embargo, cuando buscan la satisfacción en Cristo, pondrán menos expectativas poco realistas el uno en el otro y disfrutarán con más libertad el uno del otro.

LA PERSONA QUE MÁS NECESITA CAMBIAR PUEDE NO SER TU CÓNYUGE

Qué fácil es leer las advertencias de Jesús contra la doble moral y pensar que otras personas necesitan escucharlo, y qué irónico es que hagamos esto con tanta frecuencia. Sin embargo, cuando Jesús pregunta: "¿Y por qué miras la paja que está en el ojo de tu hermano, y no echas de ver la viga que está en tu propio ojo?" (Mateo 7:3), me está hablando a mí, y probablemente a ti. Todos somos propensos a restar importancia a nuestras propias acciones y motivos, mientras condenamos las acciones de los demás y pensamos lo peor sobre sus motivos. No es diferente en el matrimonio. Tendemos a fijarnos en las deficiencias de nuestro cónyuge mientras excusamos o ni siquiera vemos las nuestras.

Pablo aconseja que un cristiano "no tenga más alto concepto de sí que el que debe tener, sino que piense de sí con cordura, conforme a la medida de fe que Dios repartió a cada uno" (Romanos 12:3). Solo cuando nos veamos a nosotros mismos correctamente podemos "con humildad, [estimar] cada uno a los demás como superiores a él mismo" (Filipenses 2:3).

Si eres cristiano, tu fe te dice que eres un pecador que necesita misericordia. Vivir conforme a esa verdad te hará ser más pronto a perdonar y mucho más lento a asumir que el problema es tu cónyuge. Puede que la respuesta no sea "sí", pero la pregunta que siempre debes hacerte cuando te miras en el espejo es "¿Soy yo el principal problema aquí?". Responde esa pregunta y será más probable que tu matrimonio disfrute de una atmósfera que promueva el crecimiento y la unidad, en lugar de la disensión y la distancia.

LA ÚNICA PERSONA QUE PUEDES CAMBIAR ERES TÚ

Ya sea que tu cónyuge sea seguidor de Cristo o no, tú no tienes la misión de cambiarlo ni la capacidad para hacerlo, pero Dios puede cambiarte y lo hará. Así que puedes ocuparte en tu "salvación con temor y temblor, porque Dios es el que en [nosotros] produce así el querer como el hacer, por su buena voluntad" (Filipenses 2:12-13). Gálatas 5:25 llama a esto vivir y andar por el Espíritu.

Dios nos llama a caminar en santidad y nos capacita para hacerlo a través de su Espíritu.

No puedes cambiar a tu cónyuge. Entonces, si deseas un cambio o crecimiento en tu matrimonio, siempre debes comenzar por ti. Quita los ojos de tu cónyuge y sus defectos, y pide humildemente al Señor que te muestre dónde necesitas cambiar y que obre en ti con el poder de su Espíritu para que puedas cambiar.

LA ÚNICA PERSONA QUE PUEDE CAMBIAR A TU CÓNYUGE ES DIOS

Si Dios puede cambiarte, ¡puede cambiar a tu cónyuge! Solo Él tiene el poder y la sabiduría para convencer de pecado, hacer crecer y moldear su corazón de manera que sea más semejante al suyo. Por lo tanto, pídele que haga esa obra, pídele que cambie a tu cónyuge si le parece bien y donde lo considere mejor. En lugar de retar a nuestro cónyuge, frustrarnos y regañarlo, ¡podemos orar! Es difícil estar enojado con alguien por quien estamos orando. Es más fácil amar a alguien por el que le hemos pedido a Dios que obre. La próxima vez que la temperatura esté subiendo y estés a punto de atacar a la persona con la que te casaste, detente a orar. Y luego ten paciencia. Muchas veces, no existen soluciones rápidas, ni para nuestro corazón ni para el de nuestro cónyuge. El tiempo y los caminos de Dios no son los nuestros, y a menudo es a través de largas temporadas de espera que Él elige obrar. Jeff y yo pasamos trece años de matrimonio antes que de repente Dios se moviera y nos transformara a ambos en cuestión de meses. ¿Fue difícil esa larga temporada? Inmensamente difícil, pero creo que esos años nos estaban preparando para la obra que Dios se había propuesto hacer en cada uno de nosotros. Y por eso, estoy agradecida.

Si te has humillado, has orado y estás esperando un cambio que parece que nunca llegará, no pierdas la esperanza. No es tu tarea cambiar a nadie, tu tarea es amarlo. Como veremos en un capítulo posterior, las temporadas de espera nunca carecen de sentido y siempre hay más cosas de las que podemos ver en el momento. Sigue pidiendo por ese cambio. Y ¡quién sabe! ¡Dios podría cambiar tu propio corazón en el proceso!

REFLEXIÓN

1. ¿Qué sentimientos hacia tu cónyuge estás albergando, sobre los que guardas silencio, que están dañando su intimidad (espiritual, emocional, física)? ¿Estás magnificando las faltas y los pecados de tu cónyuge mientras ignoras tus propias faltas y pecados? ¿Necesitas pedir perdón a Dios y a tu cónyuge por algo?

____

____

____

____

____

____

2. ¿Alguna vez tratas a tu cónyuge de una manera que le transmite que él o ella es el problema y que, si cambiara, todo sería mejor? ¿Qué sería diferente si trabajaras para cambiar tu forma de ser, con la ayuda de Dios, y te concentraras en sus necesidades en lugar de mirar sus fallas? ¿Qué acción desinteresada harás hoy por tu cónyuge sin esperar nada a cambio pero que le demuestre que te preocupas por él o ella?

____

____

____

____

____

3. ¿Estás esperando demasiado que tu cónyuge satisfaga tus necesidades en áreas que jamás han estado destinados a suplir?

____

____

____

____

____

____

____

4. (Juntos, si es posible) Mencionen tres cosas uno del otro por las que quieren alabar a Dios y por las que están agradecidos en su matrimonio.

____

____

____

____

____

____

ORACIÓN

Jesús:
"Encamíname en tu verdad, y enséñame,
Porque tú eres el Dios de mi salvación;
En ti he esperado todo el día.
Acuérdate, oh Jehová, de tus piedades y de tus misericordias,
Que son perpetuas.
De los pecados de mi juventud, y de mis rebeliones,
*   no te acuerdes;*
Conforme a tu misericordia acuérdate de mí,
Por tu bondad, oh Jehová.
Bueno y recto es Jehová;
Por tanto, él enseñará a los pecadores el camino.
Encaminará a los humildes por el juicio,
Y enseñará a los mansos su carrera" (Salmos 25:5-9).

Ayúdame a apartar mis ojos de mi cónyuge y traerte mis preocupaciones, mis miedos y mis necesidades. Perdóname por fijarme en cómo creo que él o ella necesita cambiar y, a menudo, ignorar el pecado en mi propia vida. Muéstrame tu verdad y haz crecer el fruto de tu Espíritu en mí. Te confío a mi cónyuge y te pido que me ayudes a amarlo/a tal cual es. Amén.

Para reflexión adicional, lee 1 Corintios 13:4-7; Efesios 3:20–4:2; 4:25-31; 1 Pedro 4:8.

CAPÍTULO 9

Cuando la gente trae juicio en lugar de consuelo

*Ciertamente yo buscaría a Dios, y
encomendaría a él mi causa.*

JOB 5:8

Estábamos sentados en el consultorio del médico, agotados por la constante lucha con nuestro hijo, y el médico dijo: "Creo que solo necesitan darle algo más que hacer".

No sé si alcanzó a ver mi indignación y mis ojos llenos de lágrimas, pero no podía creer que su conclusión a los nueve años de caos en nuestro hogar fuera que todo se debía a nuestra incapacidad para dar suficiente que hacer a nuestro hijo.

Por más duro que haya sido ese comentario, los que más han dolido han sido los comentarios de otros creyentes:

"Si lo disciplinan cuando actúa así, no perderá tanto el control". (Suposición tácita: no son buenos padres).

"Si solo oran y creen en el nombre de Jesús, Dios intervendrá y sanará a su hijo". (Suposición tácita: no tienen suficiente fe en Dios).

"Mi hijo tuvo el mismo problema que el de ustedes, pero después que cambiamos su dieta y le dimos este suplemento, todo mejoró; si hacen lo que nosotros hicimos, él se pondrá bien". (Suposición tácita: nosotros hicimos las cosas bien, ustedes lo están haciendo mal).

Y no son solo esos remedios rápidos que se dan sobre las circunstancias en sí mismas, sino los comentarios que menosprecian o minimizan las consecuencias en nuestra vida familiar.

Una palabra hiriente toma un momento para decirse, pero puede llevar toda una vida para recuperarse de ella. Y, desde luego, esto puede suceder con la misma facilidad en nuestro matrimonio. Cuántas veces Jeff ha hablado abiertamente sobre sus luchas y sufrimientos, y yo me he apresurado a responder y a señalar dónde se equivocó o el error de su manera de pensar en ese momento, y he sugerido soluciones que lo colocan a él en el lugar del problema a corregir y viceversa cuando hablo con él.

En otras palabras: luchamos por no traer juicio en lugar de consuelo.

¿Por qué sucede esto? Es difícil hablar con otra persona en la complejidad de su sufrimiento sin tratar de imponer nuestra propia "sabiduría" y darle sentido a lo que parece no tenerlo. Queremos ayudar. Queremos hacer algo. Queremos mejorar las cosas. Así que, sin darnos cuenta, terminamos por parecer personas críticas. En un aspecto más egoísta, no nos gusta enfrentarnos a la realidad de que no tenemos el control. No nos gustan las asperezas y los problemas que parecen no tener solución. Por eso, a menudo nos apresuramos a dar respuestas fáciles y palabras de consuelo vacías. Aportamos nuestra propia experiencia, no con la humildad de permitir que se ignore si no resulta útil, sino desde la posición de presuponer que sabemos cómo se siente alguien (aunque nunca lo sabemos cabalmente) o con la seguridad de que todo saldrá bien (aunque nunca tenemos esa garantía).

Vemos esto claramente en el diálogo registrado entre Job y sus amigos que abarca 33 capítulos del libro de Job. Al principio, los amigos sabiamente ofrecieron consuelo a Job con su presencia silenciosa. Sin embargo, a medida que pasaba el tiempo, ya no pudieron resistirse a señalar dónde pensaban que su amigo se había equivocado y a sugerir soluciones para su sufrimiento.

En Job 5:8, Elifaz responde al problema de Job con la razón de su sufrimiento: "Ciertamente yo buscaría a Dios, y encomendaría a él mi causa". En otras palabras, *si fuera yo, iría a Dios y me arrepentiría.*

En Job 8:5-7, Bildad presume: "Si tú de mañana buscares a Dios, y rogares al Todopoderoso; si fueres limpio y recto, ciertamente luego se despertará por ti, y hará próspera la morada de tu justicia. Y aunque tu principio haya sido pequeño, tu postrer estado será muy grande".

En otras palabras, *lo que te sucede es tu culpa, Job, debes de haber desobedecido de alguna manera. Arregla las cosas con Dios y Dios te bendecirá con gran prosperidad.*

Bildad estaba predicando el mismo evangelio de prosperidad que escuchamos hoy a nuestro alrededor. La verdad es que la mayoría de nosotros tenemos entretejido en nuestro pensamiento cierto grado del evangelio de la prosperidad: si haces lo correcto, te irá bien, porque puedes disfrutar del cielo ahora mismo. Por lo tanto, debes de haber hecho algo mal o no haber hecho algo que debías hacer, y eso es lo que ha causado tu sufrimiento; o debe de haber una forma de detener tu sufrimiento. Si eso no es suficiente, a menudo tenemos el deseo de ser Dios: conocer las razones y las respuestas, y tener el control. Y así, como los amigos de Job, traemos juicio en lugar de consuelo, y ofrecemos consejos que no son bíblicos ni útiles.

Amigo, si estás atravesando pruebas, no tengo ninguna duda de que podrías mencionar a amigos bien intencionados que te dieron palabras de consuelo que se parecían más a sal sobre una herida que a un bálsamo para el alma. Y ser el receptor de tales palabras puede hacer que te alejes rápidamente de tu iglesia, de tus amigos e incluso de tu propio cónyuge. Intercambiamos palabras inútiles por un alejamiento inútil, y eso no es mejor.

De modo que aquí hay cuatro formas de navegar en las difíciles aguas de evitar cerrarte, sin exponerte a más daño.

1. BÁSATE EN LA VERDAD PARA QUE PUEDAS RECONOCER LO QUE ES FALSO

La mejor manera de protegerte de los comentarios hirientes y no bíblicos es llenarte continuamente de la verdad y las promesas de las Escrituras. Debes saber lo que Dios promete y lo que no. Recuerda que Dios jamás te castiga si tus pecados han sido pagados en la cruz (Colosenses 2:13-14). Debes saber que los seguidores de Cristo sufrirán al seguir al sufriente Salvador; la fe no nos exime de las pruebas, sino lo contrario (1 Pedro 2:21). Tenemos que estar basados en la Palabra de Dios, tanto individual como con nuestro cónyuge (si está dispuesto).

2. TEN CUIDADO DE NO AISLARTE O DE BUSCAR COMUNIÓN CON OTROS ÚNICAMENTE PARA SUPLIR TUS NECESIDADES

Ten cuidado de no perder tiempo escuchando a las personas equivocadas y también de no querer escuchar a nadie.

Nuestra vida hogareña muchas veces es dura y agotadora mental y emocionalmente. Hemos pasado temporadas en las que ambos estamos tan cansados que necesitamos cada gramo de nuestra energía física y emocional para asistir al servicio de nuestra iglesia, donde sabemos que nos preguntarán cómo estamos. Puede resultar tentador alejarnos del apoyo que realmente necesitamos.

Esto me pasó hace poco. Después de días de hundirme más profundamente en la desesperación y alejarme de aquellos que se preocupan por mí, el Espíritu Santo me dio la fuerza para acercarme a unos pocos amigos selectos y arriesgarme a dejarlos entrar a un área muy sensible de mi vida. Aunque fue difícil, disipó parte de la oscuridad que estaba sintiendo, me recordó que no estoy solo y ofreció a mis amigos la oportunidad y la bendición de ayudarles a llevar mi carga (Gálatas 6:2).

Tenemos que recordar que estar con el cuerpo de Cristo es un regalo y una provisión que Dios nos ha dado, por imperfecto y defectuoso que sea. Si nos sentimos tentados a creer la mentira de que "nadie entiende por lo que estoy pasando; ya me han lastimado antes, así que mejor evitar la iglesia y las relaciones", estamos creyendo una mentira del enemigo, que busca aislarnos de los demás. Como nos advierte Proverbios 18:1 (NBLA): "El que vive aislado busca *su propio* deseo, contra todo consejo se encoleriza". Por muy defectuosos que sean los amigos y los cónyuges, Dios puede usar y, de hecho, usa a estos hermanos y hermanas para hablar, poco a poco, la verdad a nuestras vidas; verdades que no siempre queremos escuchar, pero que a menudo necesitamos escuchar. Sí, necesitamos amigos (y un cónyuge) que nos escuchen, pero también los necesitamos para que nos digan la verdad, especialmente cuando nuestros sentimientos o nuestras circunstancias nos tientan a creer las mentiras de que Dios no nos ama o que nos debe algo mejor que esto.

Ten cuidado de no perder
tiempo escuchando a las
personas equivocadas y
también de no querer
escuchar a nadie.

También debemos evitar ver todas las relaciones con una mentalidad egoísta, caer en la trampa de pensar: "¿Qué puedo recibir de esta persona? ¿Cómo puede ayudarme?". Estamos llamados no solo a permitir que otros lleven nuestras cargas, sino también a llevar las cargas de otros. Dios puede usar lo que está haciendo en nuestras vidas, incluidas las circunstancias más difíciles, para bendecir y animar a los demás, y a menudo animar nuestro propio corazón en el proceso.

3. DISCIERNE CUÁNDO ESCUCHAR Y CUÁNDO NO

Aunque esto es cierto para cualquier relación, puede ser especialmente útil recordarlo en tu matrimonio. Cuando tu cónyuge te cuenta sus luchas y es sincero acerca de las dudas que lo inquietan, no te apresures a corregirlo o resolver lo que lo aqueja. Job dice a sus amigos: "¿Pensáis censurar palabras, y los discursos de un desesperado, que son como el viento?" (Job 6:26). En otras palabras, cuando intentamos encontrar sentido a nuestras pruebas y a cómo nos sentimos acerca de ellas, podemos decir cosas que sabemos que no son bíblicamente verdad, porque nuestros sentimientos no concuerdan con dicha verdad en ese momento. Aunque sabemos que nuestros sentimientos no son los que dictan la verdad, vemos en Job que Dios nos da permiso para expresar nuestra confusión y luchar sinceramente con nuestras dudas cuando lo que parece ser verdad está en desacuerdo con lo que Dios dice que es verdad. Como expresa muy bien John Piper:

En medio de la aflicción y el dolor y la desesperación, las personas dicen cosas que de otra manera no dirían. Pintan la realidad con pinceladas más oscuras de lo que la pintarían al día siguiente, cuando salga el sol. Cantan en tonalidades menores y hablan como si esa fuera la única música. Ven solo nubes y hablan como si no hubiese un cielo.

Dicen: "¿Dónde está Dios?" o "No tiene ningún sentido seguir adelante". O dicen: "Nada tiene sentido" o "No hay esperanza para mí" o "Si Dios fuera bueno, esto no habría pasado".

> *¿Qué deberemos hacer con estas palabras? Job dice que no*
> *necesitamos reprobarlas. Estas palabras se van con el viento*
> *o, literalmente, "son como el viento". Volarán rápidamente.*
> *Habrá un giro en las circunstancias y la persona desesperada*
> *despertará de la noche oscura y lamentará las palabras preci-*
> *pitadas (Palabras para el viento, https://www.desiringgod.org/*
> *articles/words-for-the-wind?lang=es).*

No seas ese amigo o cónyuge crítico: solo escucha su aflicción, sabiendo que están hablando de su dolor en lugar de su creencia teológica. Incluso cuando lo aconsejes con la verdad del evangelio, no trates de encontrar los errores a todo lo que dijeron. Lo más probable es que el viento ya se lo haya llevado.

4. RESPONDE CON GRACIA

La ironía es que cuando estamos sufriendo, ¡podemos juzgar a aquellos que creemos que están siendo críticos con nosotros! Sin embargo, cuando sentimos el aguijón de recibir un escorpión cuando necesitábamos un bálsamo, podemos contener nuestra propia tendencia a juzgar y, en cambio, responder con gracia.

Recordemos que todos somos pecadores imperfectos en el proceso de ser hechos más a semejanza de Cristo. La mayoría de las personas que hacen un comentario hiriente tienen buenas intenciones, incluso cuando, sin darse cuenta, lo hacen por inseguridad, miedo o la suposición orgullosa de que "yo sé lo que a ti te pasa". Cuando nos lastiman, debemos recordar que existe una buena posibilidad de que nosotros también hayamos lastimado involuntariamente a otros en ocasiones, y todos debemos ser rápidos para conceder gracia y perdón unos a otros. Cuando las palabras y los juicios de otros nos hieren, como a Job, necesitamos filtrar sus palabras a través de la verdad de lo que dice la Palabra de Dios, pedir a Cristo que nos ayude a discernir qué es verdad y cómo debemos escucharla, y confiar que Dios finalmente será nuestro defensor y nuestro consolador. A medida que experimentamos su consuelo, por su Espíritu, entonces estamos listos para dar palabras de consuelo, y no de juicio, a quienes nos rodean que están experimentando el azote de sus propias tormentas:

Bendito sea el Dios… de toda consolación, el cual nos consuela en todas nuestras tribulaciones, para que podamos también nosotros consolar a los que están en cualquier tribulación, por medio de la consolación con que nosotros somos consolados por Dios (2 Corintios 1:3-4).

REFLEXIÓN

1. ¿Estás tentado a aislarte? Si te has aislado, ¿qué crees que te ha hecho alejar (quizás experiencias pasadas de dolor, miedo, cansancio, incredulidad)? ¿Puedes ver las dificultades y los inconvenientes que se han incrementado debido a ese aislamiento?

____

____

____

____

____

____

2. Si te han herido, ¿cómo puede cambiar las cosas saber que el Señor Jesús sabe cómo te sientes? ¿Le pedirás que te ayude a dar un paso de fe, seguro de tu identidad en Él, y dejarás que otros te acompañen en tu sufrimiento? ¿Qué paso práctico puedes dar hoy?

____

____

____

____

____

____

3. (Juntos, si es posible) ¿A qué le están dedicando tiempo? ¿Hay cosas que deban dejar de hacer para poder proteger el poco tiempo que tienen y dedicarlo a lo más importante durante esta temporada (tiempo en la Palabra, tiempo juntos como pareja, tiempo en la iglesia, relación con los demás, etc.)? Si es así, ¿qué pasos tomarán para implementar tales cambios?

ORACIÓN

Padre celestial, no solo mis pruebas son abrumadoras, sino que las palabras hirientes y necias de los demás (o, a veces, su silencio) pueden hacer que parezca insoportable. Todo en mi ser quiere protegerse e impedir que otros tengan entrada a mi dolor. Sin embargo, sé que nos has creado para estar en comunión con los demás y llevar las cargas unos de otros. Muéstrame qué cosas debo dejar de hacer durante esta temporada para usar sabiamente mi tiempo y energía limitados. Jesús, necesito tu fuerza y sabiduría para dejar entrar a otros a mi vida y protegerme del aislamiento. En mi orgullo, me cuesta pedir ayuda y, en mi temor, me preocupa lo que otros pueden pensar o decir. Ayúdame a recordar que mi sufrimiento no es un signo de tu desagrado, sino que siempre está destinado a mi bien y a acercarme más a ti, incluso cuando eso expone mi pecado. Sobre todo, gracias por no pedirme que atraviese mi sufrimiento solo. Gracias porque siempre estás conmigo. Amén.

Para reflexión adicional, lee Job 42:7-11; Rut 1-4; Romanos 12:15.

CAPÍTULO 10

Cómo esperar cuando Dios parece hacer silencio

*¿Cuál es mi fuerza para esperar aún? ¿Y cuál
mi fin para que tenga aún paciencia?*

JOB 6:11

"Sarah, acabo de perder mi trabajo".

Apenas pude decir esas palabras cuando comprendí y empecé a asimilar lo que acababa de suceder. Una reorganización total había conducido al despido de casi todos los empleados de ventas, incluyéndome a mí. Tenía cuatro hijos pequeños y no tenía trabajo.

Menos de dos años antes habíamos estado agradeciendo a Dios por ese empleo. Después de nueve años de estar de guardia las 24 horas del día, los 7 días de la semana como consultor de traumatología para asistir a cirugías en cualquier momento del día o la noche, la incertidumbre constante y el aumento de horas estaban pasando factura a nuestro matrimonio y nuestra familia. Dimos un paso de fe y dejé mi industria bien remunerada, con la confianza de que el sacrificio financiero valdría la pena por el bien de nuestra familia.

Ahora aquí estaba yo, desempleado, luchando con la razón por la que Dios había permitido esa situación frente a la realidad de las crecientes facturas médicas y la pérdida de nuestro único ingreso.

Y con ello, comenzó una temporada de espera.

Sarah y yo habíamos esperado antes: para la venta de una casa, para encontrar respuesta a las dificultades de nuestro hijo y la preocupación por la salud de nuestros otros hijos, para la sanidad de la enfermedad degenerativa del tobillo de Sarah. Sin embargo, esto era diferente para mí, me sacudía hasta la fibra más íntima de mi identidad. Ya no me sentía como el proveedor de nuestra familia y no podía escapar de la realidad de que nuestra falta de ingresos pronto tendría consecuencias drásticas para nuestra familia.

Mientras me dedicaba a encontrar un nuevo empleo, oré —no, supliqué— que Dios interviniera.

Sin embargo, el Señor se demoró. Tuve que esperar mes tras mes sin ver un final a la vista. Muchos procesos de varios meses de entrevistas con resultados prometedores terminaron en puertas que se cerraron de manera inesperada.

Esperar fue duro. Los "no" de Dios resultaban ser confusos cuando teníamos una necesidad tan genuina. Sin embargo, al mirar atrás, ahora puedo ver cómo, a cada paso, me fue conduciendo a una dependencia más profunda de Cristo, junto con una mayor confianza en su provisión para nuestra familia. Con el tiempo, me dio un nuevo trabajo y, cuando lo hizo, me había transformado en una persona totalmente diferente.

LA ESPERA DE JOB

Job también tuvo que esperar bastante. En cierto sentido, el libro de Job es una larga espera: para recibir sanidad y comprensión, para escuchar Dios y para la restauración. Y lo transformó en una persona diferente, al igual que a mí.

¿Estás en un tiempo de espera y sientes que tu paciencia, tu fortaleza y quizás tu fe están menguando? ¿Te estás haciendo las mismas preguntas que Job cuando expresó:

¿Cuál es mi fuerza para esperar aún?
¿Y cuál mi fin para que tenga aún paciencia? (Job 6:11).

El sufrimiento de Job es tan profundo, tan profundo, que se pregunta cómo puede seguir respirando, e incluso si puede hacerlo, ¿qué sentido tiene? Su perseverancia comienza a debilitarse a medida que pierde de vista cómo y por qué debería molestarse en hacerlo. Con la desgracia que lo envuelve y un futuro que parece sombrío, Job no tiene la fuerza que le permita esperar o la esperanza que le permita pensar que de todos modos tiene algún sentido esperar.

Estas dos preguntas reflejan la idea central de las luchas que enfrentamos en nuestra propia espera. Si sentimos que no hay un final feliz posible, ¿por qué molestarse en esperar? Y aunque pudiera haber un final feliz, ¿cómo reunimos la fuerza para seguir adelante hacia él? Sin embargo, a diferencia de Job, tenemos el privilegio de tener toda la Palabra de Dios para ayudarnos a responder esas preguntas. Un relato particular de la Biblia, que nos muestra una reveladora perspectiva de las demoras de Dios y por qué podemos confiar en Él, es la conocida historia de Lázaro.

> *Estaba entonces enfermo uno llamado Lázaro, de Betania, la aldea de María y de Marta su hermana. (María, cuyo hermano Lázaro estaba enfermo, fue la que ungió al Señor con perfume, y le enjugó los pies con sus cabellos. Enviaron, pues, las hermanas para decir a Jesús: Señor, he aquí el que amas está enfermo. Oyéndolo Jesús, dijo: Esta enfermedad no es para muerte, sino para la gloria de Dios, para que el Hijo de Dios sea glorificado por ella. Y amaba Jesús a Marta, a su hermana y a Lázaro. Cuando oyó, pues, que estaba enfermo, se quedó dos días más en el lugar donde estaba (Juan 11:1-6).*

Cuando leí estos versículos por primera vez, pensé: "¡Bueno, ciertamente eso no me parece amor!". Sin embargo, esta historia responde las preguntas de Job (y las nuestras). Para nuestra espera, este relato bíblico nos ofrece tres verdades útiles.

1. JESÚS SE GLORIFICA A TRAVÉS DE LA ESPERA

El amor de Dios no siempre implica que nos dará lo que pensamos que necesitamos o que nos quitará nuestro dolor y aflicción presentes. Él nos ama y por eso permite ciertas circunstancias para que al final solo estemos satisfechos en Él y glorifiquemos su nombre a través de esas circunstancias.

> *Y amaba Jesús a Marta, a su hermana y a Lázaro. Cuando oyó, pues, que estaba enfermo, se quedó dos días más en el lugar donde estaba (vv. 5-6).*

Jesús los amaba tanto que decidió demorarse. ¡¿Qué?! Sabía que Dios se glorificaría más si daba vida a la muerte, que si sanaba la enfermedad de Lázaro. Aquí está la cuestión: Jesús sabía que su demora causaría dolor a los que amaba. Sin embargo, se contuvo de traer consuelo inmediato a sus amigos para poder llevarlos a una mayor dependencia de Él y revelarles su gloria al hacer lo que solo Él podía hacer. Jesús dijo: "¿No te he dicho que si crees, verás la gloria de Dios?" (v. 40). Y creyeron.

Todavía anhelo recibir el alivio y la sanidad para mi hijo y mi familia, y realmente necesitaba un trabajo para sostenerlos financieramente, pero la espera aumentó mi anhelo por más de Cristo y su gloria a través de nuestra vida, incluso a costa del alivio terrenal. Eso nunca hubiera sucedido si Jesús hubiera sanado a mi hijo cuando era un niño pequeño o hubiera respondido cuando oré por primera vez por un trabajo. Me ha amado tanto que prefirió demorarse. Y me ha amado tanto que permitió la muerte de tantas cosas en mí (mi fuerza, alivio, deseo de éxito y confianza en mí mismo) para darme una mayor vida en Él y glorificarse.

He tenido muchas conversaciones con aquellos que están convencidos de que, si solo reclamamos el poder de Jesús, nuestra familia se sanará, nuestras finanzas se restaurarán y nuestro sufrimiento cesará. Si lo confesamos y lo reclamamos, lo recibiremos; pero no hay mayor evidencia de esta falacia que la misma vida de Jesús.

Como señalara el teólogo R. C. Sproul:

> *¿Quién puede acusar a Jesús de no orar con fe? Él oró: "Si es posible, pase de mí esta copa; pero no sea como yo quiero, sino como tú". Dios dijo que no. El camino del sufrimiento era el plan del Padre (Sorprendido por el sufrimiento, p. 17).*

Jesús oró con más fe que cualquiera de nosotros, y Dios dijo que no. A veces, es para nuestro bien y para la gloria de Dios que esperemos. Eso no hace que sea fácil esperar, pero lo hace posible.

2. CRISTO TRABAJA EN LA ESPERA

María y Marta creían que Jesús tenía el poder de sanar y sabían que los amaba. Entonces, qué confuso debió de haber sido cuando Jesús decidió demorarse de tal manera que, cuando llegó, su hermano había muerto.

¿Alguna vez te has sentido así? ¿Anhelas sanarte o tener una mejor relación con tu cónyuge, pero, cuanto más esperas, más imposible parece? ¿Has orado por respuestas y por tener certeza de la presencia de Dios, y no sientes nada más que silencio? ¿Crees que Jesús tiene el poder de cambiar tu situación y te preguntas por qué no lo ha hecho? No eres el único; María se preguntó precisamente esto:

María, cuando llegó a donde estaba Jesús, al verle, se postró a sus pies, diciéndole: Señor, si hubieses estado aquí, no habría muerto mi hermano. Jesús entonces, al verla llorando, y a los judíos que la acompañaban, también llorando, se estremeció en espíritu y se conmovió, y dijo: ¿Dónde le pusisteis? Le dijeron: Señor, ven y ve. Jesús lloró (Juan 11:32-35).

Esto es lo que no debemos pasar por alto: aunque Jesús dejó morir a Lázaro, también se acercó a las hermanas, se entristeció con ellas, lloró con ellas y habló con ellas. A pesar de su conocimiento previo de lo que era mejor para el bien eterno de ellos, aun así, sentía y lamentó el dolor que trajo la muerte de Lázaro.

Amigo, Jesús no te deja esperar solo. Él llora contigo en la espera, incluso cuando es soberano sobre la espera. "¿Cuál es mi fuerza para esperar aún?", preguntó Job (6:11). "Nuestro Señor y Salvador, Jesucristo", podemos responder.

3. LA ESPERA ES ACTIVA

Dios no nos llama a quedarnos de brazos cruzados mientras esperamos su dirección o respuesta. Él tampoco está inactivo: cumple sus propósitos en nosotros y en quienes nos rodean a través de la espera. Aquí hay tres cosas que podemos hacer activamente mientras tenemos que esperar.

1. *Buscar a Dios en su Palabra.* Mientras esperamos y buscamos su presencia, Él satisfará nuestros anhelos y hallaremos más gozo en Él que en las respuestas que buscamos.

2. *Buscar a Dios en oración.* Nuestro Salvador no hará oídos sordos a nuestro clamor de ayuda, nuestras súplicas por respuestas y nuestro anhelo desesperado de sabiduría y fortaleza. Debemos orar con humildad, pero también podemos orar con confianza. Quizás un tiempo de espera sea la mejor temporada para aprender verdaderamente a acercarnos "confiadamente al trono de la gracia, para alcanzar misericordia y hallar gracia para el oportuno socorro" (Hebreos 4:16).

3. *Dar el siguiente paso.* A Elisabeth Elliot, la esposa del mártir misionero Jim Elliot, le gustaba citar un poema:

Miles de interrogantes, temores
y dudas, aquí se acallan.
En cada momento, del cielo vienen,
tiempo, dirección y oportunidad.
Hijo del Rey, no temas al mañana,
Confíalo a Jesús y da el siguiente paso.

En lugar de concentrarte en el resultado final, disponte a caminar por fe, paso a paso. En lugar de preguntarte hacia dónde te llevará el camino, da el siguiente paso y confía en que Él ha trazado la dirección. "Mira la obra de Dios; porque ¿quién podrá enderezar lo que él torció?" (Eclesiastés 7:13). Es mejor seguir a nuestro Salvador por el camino sinuoso que encontrar un camino recto y no tener al Salvador.

En un sentido muy real, toda la vida cristiana se trata de esperar, esperar la gloria. Puesto que sabemos que vendrá, y que será en el tiempo de Dios, podemos esperar con entusiasmo y paciencia (Romanos 8:23-25). Nuestras dolorosas temporadas de espera en esta vida pueden, al menos, enseñarnos a esperar en nuestra era de gratificación instantánea, a caminar por fe y aferrarnos a Cristo a lo largo de esta vida mientras esperamos la gloria.

"¿Y cuál mi fin para que tenga aún paciencia?", preguntó Job (6:11). "La promesa de la gloria de Dios y el gozo de estar en su presencia por toda la eternidad", podemos responder.

Y hasta entonces, esperamos.

REFLEXIÓN

1. ¿Qué estás esperando en este momento? ¿Hay algo que el Señor te haya mostrado a través de la historia de Lázaro o Job que te da esperanza y aliento en tu temporada de espera actual?

____

____

____

____

____

____

____

2. Si te sientes atrapado en tu situación y no entiendes por qué no has recibido ninguna guía o respuesta del Señor, de forma práctica ¿qué puedes hacer hoy para dar el siguiente paso?

____

____

____

____

____

____

3. (Juntos, si es posible) Conversa con tu cónyuge sobre un área práctica y un área de su relación con Dios donde han luchado más en su tiempo de espera. Conversen entre ustedes lo que han aprendido durante este tiempo —o en este capítulo— que los puede ayudar a esperar en el futuro.

ORACIÓN

Padre celestial, esperar es difícil y desalentador, y puede parecer inútil. A veces, me pregunto si escuchas mis súplicas desesperadas de ayuda y, si lo haces, por qué pareces permanecer en silencio. Soy débil e incapaz de seguir adelante con mi limitada fuerza y comprensión. Si no has de librarme de esta lucha, necesito tus fuerzas para resistir y la fe para confiar en ti en medio de todo esto. Cuando pienso en la vida de Jesús, recuerdo que incluso Él esperó y sufrió, y que en tu tiempo y tal como lo dispusiste, llevaste a cabo tu perfecta voluntad por medio de su vida. Que eso me dé la confianza y la esperanza de saber que estás haciendo lo mismo en mi vida. Te pido que hoy me ayudes a confiar y descansar en la verdad de que me escuchas y me darás la fortaleza que necesito, y que ves mi sufrimiento y te dueles conmigo. Ayúdame a creer que no tardarás ni un minuto más de lo necesario para mi bien y para que tu nombre sea glorificado. Usa mi espera para atraer mi corazón hacia una mayor dependencia de ti y un anhelo más profundo por el día en que estaré en tu presencia por toda la eternidad. Amén.

Para reflexión adicional, lee Salmos 61:1-2; 147:10-11; Lamentaciones 3:18-26; Habacuc 2:2-4; Efesios 5:5-6.

CAPÍTULO 11

El extraño regalo del lamento

*Acuérdate que mi vida es un soplo, y que mis ojos
no volverán a ver el bien… Por tanto, no refrenaré
mi boca; hablaré en la angustia de mi espíritu,
y me quejaré con la amargura de mi alma.*

Job 7:7, 11

El lamento. Reúne dos mundos: la sincera lucha con el dolor y la confusión, y la creciente confianza y renovada esperanza en las promesas de Dios. A través de nuestro lamento podemos pastorear nuestro corazón y nuestras palabras para pasar del cuestionamiento y la queja a una adoración llena de esperanza. El lamento nos conduce a una confianza auténtica y realista en el carácter y las promesas de Dios a pesar de nuestras persistentes circunstancias.

Desgraciadamente, el lamento es un arte algo perdido para los cristianos. Es un arte cuya naturaleza y valor empecé a comprender hace muy poco.

Lamentarse no es algo natural para los cristianos occidentales, rodeados como estamos, en nuestra cultura, de mensajes como: "Sé fuerte y autosuficiente", "El sufrimiento es un signo de debilidad" y "Piensa en positivo". Nuestra sociedad (y a menudo nuestra iglesia), incómoda con el sufrimiento, muchas veces da respuestas rápidas a nuestro dolor y espera que lo superemos rápidamente. Para los hombres, el lamento es aún más difícil, porque se nos enseña a encontrar nuestra identidad en ser líderes fuertes y aptos en nuestro hogar. Admitir que nuestra vida no está bien significa admitir nuestras debilidades y falta de control. Eso es difícil y contracultural.

Culturalmente tenemos
muy poco marco de
referencia para saber
qué hacer cuando
la vida duele. En la
iglesia, a menudo
cantamos canciones de
alabanza, pero rara vez
canciones de lamento.

Así que culturalmente tenemos muy poco marco de referencia para saber qué hacer cuando la vida duele. En la iglesia, a menudo cantamos canciones de adoración y alabanza (que son correctas y buenas), pero rara vez cantamos canciones de lamento mediante las cuales adoramos en reconocimiento del dolor y el sufrimiento. Ahora bien, si no podemos lamentarnos, entonces, como sugiere el músico y autor cristiano Michael Card, estaremos evadiendo "la dimensión olvidada del sufrimiento [ese dolor] y buscaremos un sustituto para la intimidad con Dios"; y así, no aprenderemos a "permanecer en la soledad y seguir en el camino hacia una intimidad cada vez más profunda, sumamente dolorosa, [pero] inaudita con Dios" (*A Sacred Sorrow*, p. 65).

Afortunadamente, el libro de Job nos muestra cómo es el lamento piadoso. Nos muestra que Dios anhela que vayamos a Él en nuestro quebranto y presentemos nuestra angustia y confusión a Aquel que puede llevar nuestras cargas. El lamento es el vehículo que nos permite presentar nuestras palabras torpes y nuestro crudo dolor ante nuestro Dios con sinceridad y dependencia del Espíritu Santo, y reclamar la verdad y las promesas de la Palabra de Dios.

Lamentarse no es solo quejarse del dolor en nuestra vida, como lo harían los no creyentes (y todos lo hacemos a veces); es una invitación abierta a presentar nuestro sincero clamor de sufrimiento a nuestro Padre. El lamento cristiano es diferente porque, incluso mientras derramamos nuestro dolor, sabemos que el dolor ya no tiene la última palabra. Los no creyentes pueden sufrir, pero sin Cristo su dolor no es más que el reconocimiento de su dolor. El lamento mundano no puede mirar más allá de sí mismo porque no tiene esperanza. Sin embargo, la Palabra de Dios afirma que hay una mejor manera: que no nos entristezcamos como aquellos que no tienen esperanza (1 Tesalonicenses 4:13). Decidir repasar lo que sabemos que es verdad acerca de Dios y proclamar su carácter a través de nuestro lamento nos ofrece una vía de escape del ciclo de quejas y confusión, y nos coloca en el camino que nos conducirá a una confianza más profunda y una mayor esperanza al quitar la vista de nuestras circunstancias y alzar nuestra mirada hacia el cielo. Como describe el pastor Mark Vroegop, el lamento es "una oración de angustia que conduce a la confianza... el lenguaje para vivir entre los extremos de una vida difícil y la confianza en la soberanía de Dios. Sin lamentos, no sabremos cómo procesar el dolor" (*Nubes oscuras, misericordia profunda*, p. 21).

Entonces, ¿cómo ponemos en práctica el lamento? Me gustaría mostrarte cómo se practica, para que puedas ver el regalo que el lamento bíblico representa para nosotros.

A lo largo del libro de Job (junto con Lamentaciones y los salmos de lamentos), vemos tres fases de oración que podemos seguir en nuestras propias vidas.

1. EXPRESA TUS PENSAMIENTOS A DIOS CON TOTAL FRANQUEZA

Al comienzo de su sufrimiento y sus pérdidas, Job expresa su angustia a sus amigos y su confusión ante el propósito de su sufrimiento. Se lamenta: "¿Por qué no morí yo en la matriz, o expiré al salir del vientre?" (Job 3:11). Job continúa expresando su tormento, pero deja de dirigirse a sus amigos y habla con Dios:

> *Por tanto, no refrenaré mi boca; hablaré en la angustia de mi espíritu, y me quejaré con la amargura de mi alma… Abomino de mi vida; no he de vivir para siempre; déjame, pues, porque mis días son vanidad… ¿Hasta cuándo no apartarás de mí tu mirada, y no me soltarás siquiera hasta que trague mi saliva? (Job 7:11, 16, 19).*

En todas las quejas de Job, Dios no lo rechaza; Dios escucha su desahogo y cuestionamiento espiritual y le responde en el momento indicado. Llegó un momento en que Job dejó de hablar de Dios y comenzó a hablar con Él. Su lamento no era un signo de debilidad en la fe o de un corazón rebelde para con Dios, sino más bien el de un corazón que confiaba en el oído misericordioso de su Padre celestial.

Aunque debemos tener cuidado de no acudir a Dios solo para expresarle nuestro enojo, decirle que se equivocó y alejarnos con desconfianza, tenemos la libertad y el privilegio de presentar nuestro dolor y nuestras preguntas ante nuestro Padre celestial con total franqueza.

Podemos preguntar: "¿Por qué?", podemos preguntar: "¿Cuánto tiempo más?" y podemos preguntar: "¿Dónde estás, Padre?".

Hermano o hermana, ¿qué necesitas presentar sinceramente delante de Dios hoy? Si no estás seguro/a de cómo encontrar las palabras para decir, comienza a declarar los salmos en oración y encontrarás las palabras para tu lamento. Aquí hay algunos con los que puedes comenzar: Salmos 4, 10, 13, 22, 39, 42-43 y 102. Empieza por orar a Dios; y, si tu cónyuge está dispuesto, pasen algún tiempo declarando juntos esos salmos en oración. A menudo es difícil poner palabras a nuestras luchas, pero como cristianos tenemos el Espíritu de Dios, que "nos ayuda en nuestra debilidad; pues qué hemos de pedir como conviene, no lo sabemos, pero el Espíritu mismo intercede por nosotros con gemidos indecibles" (Romanos 8:26).

2. RECAPACITA SOBRE LA VERDAD EN TU CORAZÓN

Cierra la brecha entre el dolor y la confianza. Como en el libro de Job, en el tercer capítulo de Lamentaciones encontramos a un creyente que está muy afligido y clama con un sincero lamento:

> *[Dios] Me cercó por todos lados, y no puedo salir; ha hecho más*
> *pesadas mis cadenas;*
> *Aun cuando clamé y di voces, cerró los oídos a mi oración;*
> *Cercó mis caminos con piedra labrada, torció mis senderos*
> *(Lamentaciones 3:7-9).*

Job busca palabras que describan suficientemente bien su angustia y confusión sobre lo que la soberanía de Dios ha permitido. Sin embargo, como con todos los lamentos piadosos, lo vemos renegar de su dolor y luchar por la esperanza en lo que sabe que es verdad: "Lo tendré aún en memoria, porque mi alma está abatida dentro de mí; *esto recapacitaré en mi corazón*, por lo tanto esperaré" (vv. 20-21, cursivas añadidas). *Recapacitar en el corazón* es una elección consciente. Es una batalla por levantar nuestros ojos del montón de cenizas y mirar más allá a la gloria del trono de Dios. Es elegir pensar y confiar en el amor, la bondad y la fidelidad de Dios. Es elegir creer que puesto que Dios "no aflige ni entristece voluntariamente" (v. 33), hay esperanza en y más allá de nuestro dolor, aunque no podamos entender el camino que nos lleva allí. Cuando todo lo que podemos ver es la oscuridad de la noche, aun así, podemos confiar en que "nunca decayeron sus misericordias. Nuevas son cada mañana; grande es [la] fidelidad [de Dios]" (v. 22-23).

Debemos recordarnos las promesas y el carácter de Dios en nuestra propia vida y esperar en el Señor, con la fe de que llegará el día cuando juzgará, redimirá y restaurará todas las cosas. Estamos atribulados porque nuestro dolor es real, pero tenemos esperanza porque Jesús es más grande que nuestro dolor y nuestra tristeza.

3. RECIBE EL GOZO Y LA FORTALEZA DEL SEÑOR

Mientras permanecemos en la brecha entre nuestro dolor y la esperanza y el consuelo que encontramos en Cristo, en la tierra de nuestro sufrimiento pueden comenzar a brotar semillas de gozo, fortaleza renovada y una paz que sobrepasa nuestro entendimiento. Por supuesto, esta no es una fórmula mágica instantánea, pero, a medida que pase el tiempo, el proceso del lamento a menudo nos llevará más rápidamente de la queja y el dolor a hallar gozo y descanso en las promesas de Dios una vez más. Esta fortaleza no se encuentra al ver que nuestras circunstancias cambian o al fingir que nuestras dificultades no existen, sino en la promesa del Señor de que Él está con nosotros y redimirá y restaurará todas las cosas. Este gozo nos libera de la queja y el cuestionamiento y nos lleva a la bendición que solo se puede encontrar al conocer y descansar en Jesucristo. Ante Él derramamos nuestra angustia, y Él nos concede su gozo y su fortaleza.

HABLA CON DIOS, NO SOLO DE DIOS

A lo largo de todo el libro de Job, nunca vemos a sus amigos dirigirse a Dios directamente en oración. En cambio, intentan hablar en nombre de Dios. Creen que tienen todas las respuestas, entonces nunca se detienen a pedir ayuda. Su supuesta sabiduría en realidad era su necedad, porque estaba basada en su propio entendimiento en lugar de la humilde dependencia de Dios para consolar a su amigo. Si hubieran optado por lamentarse junto a Job y orar por él, habrían tenido el privilegio de acercarse más al Señor y consolar verdaderamente a su desdichado amigo.

Por supuesto, no está mal hablar de nuestras luchas y nuestros pensamientos con nuestro cónyuge y con quienes nos rodean, pero solo experimentaremos el poder y la bendición del lamento cuando presentamos nuestras penas a Cristo, el único que tiene hombros lo suficientemente anchos para llevar nuestras cargas, y el poder y la sabiduría para sanar nuestro corazón y darnos esperanza.

Los amigos de Job hablaron con Job sobre Dios; Job habló con Dios sobre Job. Y nosotros debemos hablar con Dios sobre nosotros mismos. También puedes animar a tu cónyuge a hacerlo y orar juntos. Aunque al principio puede ser difícil, o puedes encontrar resistencia, vale la pena seguir intentándolo y desarrollarlo. Si te sientes demasiado paralizado para orar o tienes dificultades para encontrar las palabras, intenta escribir una oración o usa las Escrituras para encontrar las palabras para orar. No te frustres cuando no puedas expresar verbalmente tus sentimientos; el Espíritu hará lo que tú no puedes hacer. Y, cuando tu esposo o esposa no pueda encontrar las palabras, ora por él o ella. Fijen un tiempo de oración todos los días para orar juntos; aunque solo sean cinco minutos, marcarán una gran diferencia.

AQUÍ SE ENCUENTRA LA VERDADERA ESPERANZA

Hermano en la fe, lo peor que podemos hacer es dejar de hablar con Dios. Acude a Él con sinceridad y confianza en que ya conoce el estado de tu corazón. Háblale de la confusión, el dolor y las preguntas que atormentan tu alma. Repasa sus promesas en las Escrituras y recuerda su bondad, su fidelidad y su amor. Luego pídele que te ayude a caminar hacia adelante con fe, confiando en quién es Él y no en lo que tú puedes entender. Esto es un lamento: ser realista sobre lo que enfrentas hoy, pero con la esperanza de tu futuro eterno. Que en su gracia y con la ayuda del Espíritu Santo, Dios nos permita glorificar su nombre y alabarlo en la oscuridad y asimismo confiar en Él en el silencio.

REFLEXIÓN

1. ¿Has pasado por un momento en tu vida cuando sentiste que la oración "no funcionaba" y dejaste de orar? ¿Qué has creído erróneamente acerca de Dios y sus promesas que ahora te mantiene en silencio, resignado a tus circunstancias sin la predisposición a perseverar en la oración?

2. ¿Te incomoda la idea del lamento? Si es así, ¿por qué? ¿De qué manera el lamento bíblico podría ayudarte a aferrarte a Cristo en medio de tus luchas?

3. (Juntos, si es posible) ¿Qué les impide orar juntos (si no lo hacen)? ¿Qué pasos prácticos pueden dar para poner en práctica la oración (y el lamento) en su vida como pareja? Conversen sobre cualquier inseguridad que sientan en esta área y pasen un tiempo orando juntos para pedir a Dios que desarrolle esta área de su matrimonio. (Si tu cónyuge no está dispuesto, dedica un tiempo a agradecer a Jesús que te ve y suplirá todo lo que necesitas, y ora para que atraiga el corazón de tu cónyuge a Él).

ORACIÓN

"Me cercó por todos lados, y no puedo salir; ha hecho más
pesadas mis cadenas;
Aun cuando clamé y di voces, cerró los oídos a mi oración…
Y mi alma se alejó de la paz, me olvidé del bien,
Y dije: Perecieron mis fuerzas, y mi esperanza en Jehová.
Acuérdate de mi aflicción y de mi abatimiento…
Lo tendré aún en memoria, porque mi alma está abatida
dentro de mí;
Esto recapacitaré en mi corazón, por lo tanto esperaré.
Por la misericordia de Jehová no hemos sido consumidos,
porque nunca decayeron sus misericordias.
Nuevas son cada mañana; grande es tu fidelidad.
Mi porción es Jehová, dijo mi alma; por tanto, en él
esperaré.
Bueno es Jehová a los que en él esperan, al alma que le
busca.
Bueno es esperar en silencio la salvación de Jehová". Amén.
(De Lamentaciones 3:7-8, 17-19a, 20-26)

Para reflexión adicional, lee Salmos 10, 28, 55; Lamentaciones 3; Marcos 14:32-42; Colosenses 4:2.

CAPÍTULO 12

Juntos a través del valle de la desesperanza

Abomino de mi vida; no he de vivir para siempre; déjame,
pues, porque mis días son vanidad... Mi aliento se agota,
se acortan mis días, y me está preparado el sepulcro.

JOB 7:16; 17:1

"¡Ya no puedo vivir así! ¡Me quiero morir!", grité entre sollozos. Me senté en nuestra cama frente a la mesa de trabajo de Jeff y traté de entender lo que estaba pasando dentro de mí. Supongo que él también estaba tratando de entender.

Estaba cansada del dolor crónico, los frecuentes episodios de enfermedad y el cansancio de lidiar con los problemas de los niños, pero lo que me quebró fue la tortura de sentirme prisionera de mi propia mente, atrapada en una perpetua sensación de oscuridad. Una parte de mí deseaba poder dejar de respirar.

Mientras luchaba por explicar a Jeff la dolorosa realidad de vivir bajo una nube constante de depresión, le leí las palabras de Zack Eswine en *Spurgeon's Sorrows* en un intento de describirle mi propia batalla interna.

Las circunstancias dolorosas o una predisposición a la tristeza
dentro de nuestra química pueden ponerse sus pesadas botas
llenas de denso lodo y posarse sobre nuestros pechos cansados.
Es casi como si la ansiedad estuviera atando una cuerda alre-
dedor de los tobillos y las manos de nuestra respiración. Atados

a una silla, con las luces apagadas, presas del pánico solo podemos tragarnos el aire oscuro.

Este tipo de circunstancias y la química del cuerpo además nos roban las dádivas del amor divino, como si todas las cartas de amor de Dios y los álbumes de fotos se estuvieran quemando en un fuego frente a nuestras narices, un fuego que no podemos apagar. Nos sentamos allí, indefensos en la oscuridad de la ausencia divina, atados a esa silla, presentes solo entre cenizas y suspiros, mientras todo lo que amamos parece perderse para siempre. Incluso nos preguntamos si nosotros mismos hemos provocado todo eso. Es nuestra culpa. Dios está contra nosotros. Hemos perdido el derecho de recibir ayuda de Dios (p. 18).

El valle de la desesperanza es un lugar muy real y del que los cristianos fuertes no están exentos. Para algunos, la enfermedad crea un quebranto en su mente, que provoca una depresión clínica que es tan real como una enfermedad que afecta el cuerpo. Para otros, el dolor intenso, las circunstancias abrumadoras, resistir la pesada mano de Dios que los lleva al arrepentimiento y varios otros factores desencadenantes pueden llevar a una temporada de desesperanza (para obtener más ayuda y comprender las diferencias, recomiendo encarecidamente el libro de David Murray, *Los cristianos también se deprimen*). Puede ser difícil distinguir entre las dos y, hasta cierto punto, es necesario abordarlas de manera diferente, pero lo que tienen en común es que ambas nos llevan a un lugar de profunda lucha emocional y espiritual.

A veces, la desesperanza está vinculada a las circunstancias. Otras veces, no. Como C. H. Spurgeon la describe:

De manera totalmente involuntaria, vendrán sobre ti tristeza mental, depresión de espíritu y dolor en el corazón. Puede que no tengas ningún motivo real para estar triste y, sin embargo, puedes convertirte en uno de los hombres más infelices porque, por el momento, tu cuerpo ha conquistado tu alma (The Saddest Cry from the Cross, p. 656).

Si tú o tu cónyuge han experimentado esto, son uno más de muchos otros. Job, después de responder inicialmente con una fe inquebrantable tras las secuelas inmediatas de su pérdida, de repente se encontró caminando en el valle de la desesperanza mientras su sufrimiento continuaba y deseaba el sepulcro, inseguro de quién era Dios.

> *Cuando digo: Me consolará mi lecho, mi cama atenuará mis quejas; entonces me asustas con sueños, y me aterras con visiones. Y así mi alma tuvo por mejor la estrangulación, y quiso la muerte más que mis huesos. Abomino de mi vida; no he de vivir para siempre; déjame, pues, porque mis días son vanidad… Mi aliento se agota, se acortan mis días, y me está preparado el sepulcro (Job 7:13-16; 17:1).*

Gracias a Dios que nos permite ver los días más oscuros de la vida de Job. Nos asegura que no estamos solos en nuestra batalla contra la desesperanza y nos ayuda a mantener la perspectiva cuando luchamos por sentir la presencia de Dios en nuestros días más oscuros. Ya sea que estemos luchando contra la depresión o estemos tratando de alentar a nuestro cónyuge, debemos luchar para aferrarnos a estas verdades…

NUESTROS SENTIMIENTOS NO DEFINEN LA VERDAD

Cuando te sientes desesperanzado física o mentalmente (a menudo con una visión distorsionada de la realidad), es fácil creer que es una señal del descontento de Dios contigo. Aunque a veces podemos sentir la mano dura de Dios sobre nosotros para llevarnos al arrepentimiento (Salmos 32), la depresión a menudo llena nuestra mente con mentiras, y nos tienta a creer que nuestros sentimientos son una imagen precisa de nuestra relación con Cristo y con quienes nos rodean. Si sentimos que somos incapaces de inspirar amor, debe ser por algún motivo. Si nos sentimos desesperanzados, debe ser porque no hay esperanza para nosotros. Si nos sentimos solos, debe ser que nos han abandonado. Y, si sentimos vergüenza, debe ser que no somos dignos de recibir perdón.

Sin embargo, como lectores del libro de Job, sabemos que, aunque

Job pensaba que Dios estaba en contra de él, las cosas no eran realmente así. Lo que sentía no era la realidad de las cosas. Y el Señor le impidió perder la esperanza mientras caminaba por el valle de la desesperanza: "He aquí, aunque él me matare, en él esperaré" (Job 13:15). Dios, de hecho, no lo había "matado"; la obra era de Satanás (2:7); pero lo más importante es que Job no terminó allí su oración. De alguna manera aún creía que podía confiar en el Señor y que, por tanto, había esperanza para él.

En Él esperaré. Hermano o hermana, sin importar qué sintamos acerca de Dios, nosotros también tenemos que mantener siempre presente la verdad de la salvación para luchar contra todo lo que nos bombardea internamente. No importa cómo nos sintamos o cómo puedan parecer las cosas, si somos nuevas criaturas en Cristo Jesús, somos amados, aceptados y perdonados. Algunos pasajes bíblicos que me han resultado particularmente útiles tener presente son: Salmos 3:3; 23:1-6; 40:1-3; Isaías 61:3; Juan 16:33; 2 Corintios 12:9; Apocalipsis 21:4.

LA DEPRESIÓN NO ES UNA SEÑAL DE QUE DIOS ESTÁ AUSENTE

La depresión puede hacernos sentir una sensación de soledad inimaginable. No solo sentimos que el mundo sigue adelante sin nosotros, sino que incluso podemos sentirnos extraños con nosotros mismos, como si hubiéramos perdido lo que alguna vez fuimos. Y Dios también parece distante: "He aquí yo iré al oriente, y no lo hallaré; y al occidente, y no lo percibiré" (Job 23:8).

La depresión y la desesperanza nos dicen que nuestro sufrimiento y nuestros sentimientos son prueba de la ausencia de Dios y, sin embargo, como vemos en Job, Dios no está lejos. Poco sabía Job que su sufrimiento, que parecía deberse a la ira de Dios, en realidad vino como resultado de que el Señor se jactaba de la piedad de Job, como un padre orgulloso se jacta de su hijo. Y pronto, el Dios del universo hablaría directamente a su hijo. Dios no estaba ausente.

Cuando nuestros sentimientos cuestionan la ausencia de Dios, debemos contradecirlos con la verdad:

Oh Jehová, tú me has examinado y conocido.
Tú has conocido mi sentarme y mi levantarme;
Has entendido desde lejos mis pensamientos.
Has escudriñado mi andar y mi reposo,
Y todos mis caminos te son conocidos.
Pues aún no está la palabra en mi lengua,
Y he aquí, oh Jehová, tú la sabes toda (Salmos 139:1-4).

Jesús no bajó del cielo, sufrió y murió por un mundo que lo rechazó, y venció a la muerte para todo aquel que crea, solo para abandonarnos cuando la vida se pone difícil. No, se sacrificó para reconciliarnos consigo mismo y abrir un camino para que tengamos relación con un Dios santo. Esta es la confianza de nuestra esperanza cuando nuestros sentimientos nos dicen lo contrario.

Como escribe Zack Eswine:

Aunque nuestra tristeza física no nos permita sentir su tierno toque, Él no nos abandona. Nuestros sentimientos hacia Él no nos salvan. Él nos salva. Nuestra esperanza, por lo tanto, no reside en nuestra capacidad de mantenernos con buen ánimo, sino en su capacidad de sostenernos. Jesús nunca nos dejará con nuestro corazón deprimido (Spurgeon's Sorrows, pp. 38-39).

LA DEPRESIÓN NO NOS HACE INÚTILES

Cuando la depresión nos despoja de nuestra capacidad natural de ver y sentir esperanza, alegría y propósito en nuestro dolor, tenemos la tendencia a ver todo como una confirmación de nuestra inutilidad. Si nuestros hijos se portan mal, parece confirmar que hemos fracasado como padres. Si nuestro cónyuge o un amigo nos señala con delicadeza un área de debilidad o pecado en nuestra vida, pensamos: "¿Ves? ¡No puedo hacer *nada* bien!". A veces, todo lo que se necesita es un error o un contratiempo para concluir que todo está en nuestra contra y que es inútil ni siquiera intentarlo una vez más. No tenemos nada para dar. Aquí es decisivo que busquemos lo valiosos que somos en la Palabra de Dios, más que en el mundo o en nuestras propias normas. Un pasaje en el que medito a menudo cuando estoy luchando con sentimientos de inutilidad es Salmos 147:10-11:

No se deleita en la fuerza del caballo,
Ni se complace en la agilidad del hombre.
Se complace Jehová en los que le temen,
Y en los que esperan en su misericordia.

No hay cristiano a quien Dios no ame, se agrade de él y no pueda usar. De hecho, experimentar durante una temporada (o toda una vida) un agudo sentido de nuestras deficiencias puede ser una oportunidad para buscar en Jesús nuestra valía y nuestra confianza en servirlo. Job anhelaba el sepulcro, pero miles de años después de enfrentarse a su valle de desesperanza, todavía está brindando esperanza a millones de personas, incluidas tú y yo. Dios estaba haciendo mucho más de lo que Job podía ver o sentir. Y todavía lo sigue haciendo… en tu vida.

JUNTOS A TRAVÉS DEL VALLE

Si estás tratando de amar a tu esposo o esposa que está luchando con la depresión, estoy muy agradecida por ti. Por favor, debes saber que no estás abandonado a tus propios recursos. Cristo te ha elegido como compañero/a de tu cónyuge para caminar juntos por este valle, no para corregirlo/a, sino para amarlo/a, luchar por él o ella y atenderlo/a, y llevarlo/a a Cristo. No es un llamamiento fácil y requiere gracia y fortaleza del Señor para que puedas tener la sabiduría, la gracia, la paciencia y el amor que necesitas para este difícil proceso.

Primero, recuerda que tu cónyuge no puede ver lo que tú haces ni puede pensar con total claridad. Intenté explicar mi lucha interna a Jeff de esta manera:

Tú y yo podríamos estar en la misma habitación, y tú podrías
estar sentado cómodamente con una camiseta, mientras yo
estoy a tu lado vestida con tres capas de ropa y todavía siento
frío. Tu cuerpo puede regular correctamente tu temperatura
corporal, mientras que mis problemas de salud hacen que mi

cuerpo luche constantemente para regular bien la temperatura. Puedes intentar convencerme de que la habitación está caliente todo lo que quieras, incluso mostrarme el termostato, pero eso no cambia la realidad de que siento frío.

Personalmente, en las temporadas en que lucho con la depresión, no me ayuda que Jeff intente convencerme de que la realidad es diferente de lo que veo y siento. Ahora bien, eso no significa que solo deba compadecerse de mí y de mis pensamientos de desesperanza, y no significa que no deba señalarme la verdad con delicadeza en el momento apropiado. Sin embargo, siempre es mejor que primero escuche y luego responda con empatía y compasión, que me haga preguntas y me ayude a sacar a la luz la oscuridad de mis pensamientos. Al saber que su tarea no es cambiarme y que no podrá entenderme totalmente, puede apoyarme solo con ser un lugar seguro donde pueda procesar mi confusión y mi dolor, y ayudarme a llevar mi carga como si fuera una carga que debemos llevar juntos, en lugar de verla como un problema que él necesita solucionar (Gálatas 6:2). Sin embargo, la única forma en que puede ayudarme a llevar mi carga es cuando está constantemente en la Palabra de Dios y busca en Cristo su propia fortaleza, sabiduría y consuelo. Él puede orar por mí (solo y conmigo) y animarme a llevar mi corazón herido a Cristo y a seguir leyendo su Palabra.

En segundo lugar, espera lo mejor, pero prepárate para un largo camino. Uno de los desafíos de amar a un cónyuge en la depresión o la desesperanza es la tentación de ponerle un límite de tiempo. Puede que tengamos paciencia por un tiempo, pero cuando el tiempo que nos fijamos ha pasado (los meses de invierno han terminado… las circunstancias han mejorado… ha pasado más de un año… los niños ya son mayores…) y la batalla continúa, nuestra paciencia puede empezar a menguar. Debes persistir hasta el final. Tu cónyuge debe saber que estarás allí, por lo que debes orar a Dios para que ponga fin a esa temporada, pero también para que su amor fluya hacia ti y a través de ti a lo largo de esta temporada.

Por último, recuerda que no es una derrota buscar ayuda, ya sea de un pastor o un consejero (o, en ocasiones, de un médico). Es una señal de que quieres amar y acompañar a tu cónyuge en todo lo que el Señor permite de la manera más amorosa posible. Esta circunstancia no tiene que definir tu matrimonio y puedes adorar a Dios al caminar junto a tu cónyuge en esta temporada que probablemente ninguno de los dos imaginó cuando hicieron sus votos matrimoniales.

AÚN ESPERARÉ

Hermano y hermana que sufren, animen sus corazones abatidos. Como dijo en una ocasión C. H. Spurgeon, quien conocía muy bien el peso de vivir con una depresión prolongada y dolor crónico:

> *Necesitamos paciencia en el dolor y esperanza en la depresión de espíritu… Nuestro Dios… hará la carga más ligera o la espalda más fuerte; disminuirá la necesidad o aumentará las reservas" (Sword and Trowel, p. 15).*

Aún esperaré en Él.

REFLEXIÓN

1. Si luchas con algún tipo de depresión, ¿te cuesta creer una o más de las declaraciones que constituyen los subtítulos de este capítulo? ¿Por qué necesitas orar? Escribe las promesas que necesitas recordar a diario. ¿Qué pasos prácticos puedes tomar para buscar la ayuda y el apoyo que necesitas (emocional, espiritual, médico, etc.)?

2. Si tu cónyuge lucha con la depresión, ¿qué es más difícil para ti? ¿Cómo puedes obtener el apoyo que necesitas? ¿De qué manera específica puedes amar a tu cónyuge hoy?

3. (Juntos, si es posible) Conversen sobre sus preguntas, sus luchas y su confusión en torno a la lucha con la depresión, y cualquier paso práctico que puedan tomar juntos para buscar la ayuda y el apoyo que necesitan en las áreas mencionadas en la primera pregunta.

ORACIÓN

Si luchas con la depresión o te sientes desesperanzado:

Señor, a veces siento que esta oscuridad es demasiado para soportar. Conozco la verdad, pero el ruido interno y la confusión a menudo la ahogan. Creo que me amas, pero me cuesta sentirlo. Creo que eres bueno, pero me cuesta ver tu bondad a través de la niebla. Creo que puedes liberarme de esta angustia, pero has elegido no hacerlo. Jesús, si es tu voluntad, disipa estas nubes oscuras y ayúdame a ver la luz de tu bondad y amor brillar sobre mí; pero, si no es así, ayúdame a creerlo cuando no pueda sentirlo. Ayúdame a confiar en tus promesas cuando el quebranto de mi mente y mi cuerpo me diga lo contrario, y dame la fuerza para amar y cuidar de mi cónyuge con un amor sobrenatural. Amén.

Si tu cónyuge lucha con la depresión o la desesperanza:

Señor Jesús, quiero amar a mi cónyuge, pero a veces me cuesta saber cómo. Mi aliento y mis palabras parecen incapaces de penetrar su visión oscura de la vida, y es fácil para mí impacientarme cuando me cuesta comprender y relacionarme con su sufrimiento interno. Enséñame a saber escuchar y soportar su carga como me has llamado a hacer. Perdóname cuando respondo con orgullo y egoísmo, y te ruego que uses esta lucha para hacerme más semejante a ti. Dame tu compasión y tu paciencia, y ayúdame a honrarte en mi manera de cuidar, atender y amar a mi cónyuge en este proceso. Amén.

Para reflexión adicional, lee Salmos 30:1-5; 40:1-3; 42:11; Isaías 41:10; Romanos 8:38-39.

CAPÍTULO 13

Cuando tu pasado amenaza tu presente

¿Por qué escribes contra mí amarguras, y me
haces cargo de los pecados de mi juventud?
Job 13:26

La semana pasada, Sarah y yo estábamos en la cocina cuando noté una pila de diarios sobre el mostrador. Mis ojos se posaron en una frase de uno de los antiguos diarios personales de Sarah. Mi corazón se amargaba mientras leía su reflexión sobre algunas de las palabras escandalosas y descriptivas que le dijo un grupo de chicos durante algunos días oscuros de su pasado. Desparramé esos diarios con disgusto y le pregunté por qué los guardaba. Al ver que mi irritación aumentaba, dijo, con un tono que coincidía con mi enojo:

—Ese es el problema contigo, ni siquiera puedes hablar de estas cosas.

¿Por qué soy yo el problema? ¿Qué hice? —pensé.

Esta no fue nuestra primera conversación acalorada sobre su pasado y mi respuesta. Era como estar atrapado en un ciclo sin fin.

Después de tomarme un tiempo para calmarme, pedí a Sarah que aclarara lo que quería decir con su respuesta. Mientras lo hablábamos de una manera (bastante) tranquila, caí en la cuenta de que mi ira hacia el pecado de esos chicos estaba incluyendo a Sarah como si estuviera dirigida a ella, lo que le hacía sentir una renovada culpa y vergüenza. A través de las palabras que verbalicé y que expresé en forma tácita, sintió lo mismo que Job por sus amigos: como si yo estuviera "escribiendo contra [ella] amarguras" y haciéndola "cargo de los pecados de [su] juventud". Esto fue particularmente doloroso para ella, porque esos "pecados" habían sido cometidos contra ella, ella no los había cometido. En mi lucha con su pasado, involuntariamente la estaba agobiando con su vergüenza, dolor y culpa del pasado.

Me sentí —me siento— muy mal por lo que ella ha soportado. Sin embargo, estaba haciendo hincapié en cómo estaba afectando a nuestro matrimonio y, por ende, a mí, en lugar de ver el efecto integral que tuvo en ella. Sin querer, mi ira y enojo por su pasado la estaban haciendo engrosar sus muros de autoprotección.

Sabía que estaba equivocado.

Por la gracia de Dios, ese día tuve una mayor comprensión de la vergüenza y el dolor que Sarah había estado cargando. Lo que ella quería y necesitaba saber (y escuchar) de mí era que yo la miraba con ojos de amor y lamentaba lo que había sufrido, en lugar de verla como el problema. Necesitaba compasión y empatía, no juicio e ira, y ciertamente no más vergüenza. Necesitaba saber que yo podía amarla y aceptarla por completo, incluso con su doloroso pasado, tal como lo ha hecho Cristo. Su pasado es su historia, y la historia de Dios, y es una parte vital de su testimonio de la poderosa obra de redención de Dios, no solo en su vida sino también en la mía.

Alabado sea Dios porque es un Dios de restauración. Cualquiera que sea el bagaje que tú o tu cónyuge hayan traído al matrimonio, y el pecado de quien sea que haya producido esas cargas, siempre hay esperanza de redención. Para nosotros, eso ha llevado tiempo y no ha sido fácil. A continuación indicamos tres cosas que tuve que aprender y todavía necesito recordar activamente mientras enfrentamos esta lucha en nuestro matrimonio.

TODOS SOMOS IGUALES ANTE DIOS

No es raro que uno o ambos entremos al matrimonio con pecados y heridas del pasado, y eso puede llevar fácilmente a creencias falsas y una visión poco saludable uno del otro. Por ejemplo, uno de los cónyuges puede sentirse inferior (o más pecador) debido a su pasado, lo que hace

Cualquiera que sea
el bagaje que hayas
traído al matrimonio,
siempre hay esperanza
de redención.

que viva con un sentido de vergüenza y a veces elevar a su cónyuge a un lugar de expectativas idólatras y malsanas.

Por otro lado, en el fondo, un cónyuge puede sentirse orgulloso de que su pasado sea menos pecaminoso que el de su cónyuge, lo que puede llevar a una falta de compasión y un sentido de superioridad espiritual. Eso predispone al matrimonio a la amargura, la derrota y la falta de intimidad y confianza.

Esto también sucede dentro de un matrimonio cuando las acciones pecaminosas de uno de los cónyuges golpean el matrimonio y hieren profundamente al otro. Hablaremos más de eso en el capítulo 24 sobre el perdón, pero vale la pena reconocer el peligro de sentirnos inferiores o superiores en dependencia de si hemos cometido el agravio o hemos sido la persona agraviada.

La verdad es que antes que podamos amar bien a nuestro cónyuge, ya sea que seamos o no nosotros los que traigamos el equipaje (o el que haya causado el equipaje), debemos pedir a Dios que nos dé una visión precisa de lo que sería nuestro corazón sin la obra redentora de Cristo. Pues, como bien dijera Pablo a Timoteo:

> *Palabra fiel y digna de ser recibida por todos: que Cristo Jesús vino al mundo para salvar a los pecadores, de los cuales yo soy el primero (1 Timoteo 1:15).*

Todos somos pecadores. Ninguno de nosotros es "mejor" que otro pecador, y es por la bondad inmerecida de Dios que nos ha protegido de resultar agraviados por las acciones pecaminosas de otros o nos ha guardado de no ceder a nuestros propios deseos pecaminosos. Básica y universalmente, ambos cónyuges en un matrimonio son pecadores. Y, maravillosamente, cualquiera que confíe en Jesús es un pecador salvo. Hermano, hermana, cuando nuestros ojos se abren a la realidad de cuán pecadores somos podemos vernos igualmente corrompidos, pero en Cristo igualmente perdonados, como nuestro cónyuge. Si tú eres el que trae el equipaje, debes darte cuenta de que lo que Pablo dice es verdad sobre ti: sí, eres inmensamente pecador, pero sí, eres maravillosamente salvo. Y si estás conviviendo con el equipaje de tu cónyuge, solo cuando puedas aceptar que lo que Pablo dijo es verdad sobre ti, podrás ver a tu esposo o esposa con mayor compasión y brindarle el consuelo que necesita mientras caminas a su lado y le ayudas a cargar el dolor de su pasado.

Hay una delgada línea entre el enojo justo y sano por el pecado del pasado y sus dolorosas consecuencias en nuestro matrimonio, y el enojo petulante que nos molesta más por cómo nos afecta a nosotros: el enojo petulante nos ciega tanto que usamos el pecado de nuestro cónyuge para ignorar o excusar el nuestro ("Está bien, pero yo no hice lo que *tú* hiciste"; "Sí, pero el mayor problema que tenemos es que *tú* no puedes dejarlo atrás"); y eso nos lleva a no responder con gracia y compasión (Efesios 4:26-27).

Ten cuidado con la tentación de pensar que mereces un matrimonio mejor o una vida más fácil por algo que has hecho o no has hecho. Sea lo que sea que haya en el pasado, la verdad para todo el pueblo de Dios es que nuestro pecado, nuestro dolor y nuestra vergüenza han sido pagados y redimidos por la sangre de Cristo en la cruz.

JESÚS RESTAURARÁ TODAS LAS COSAS

Si alguien a quien amamos ha sufrido el agravio de otra persona, es natural querer enmendar el daño. El teólogo y consejero David Powlison describe cuidadosamente nuestra lucha:

> *Dios nos ha diseñado para operar de acuerdo con la lógica de la ira: "Eso importa, y está mal. Me desagrada y estoy en contra. Debo cambiar eso, eliminarlo, destruirlo". En esencia, lo importante no es como debe ser, y eso nos empuja a la acción (Anger in Action, The Journal of Biblical Counseling, otoño de 2006, vol. 24, p. 24).*

Sin embargo, si bien es correcto querer justicia, debemos tener cuidado de no ponernos en el lugar de Dios, que es el único que tiene el conocimiento y la sabiduría para juzgar con justicia. Pablo nos exhorta: "No os venguéis vosotros mismos, amados míos, sino dejad lugar a la ira de Dios" (Romanos 12:19). En lugar de buscar formas de pagar el mal que se ha hecho, o soñar con lo que nos gustaría decir o hacer a aquellos que lastimaron a nuestro cónyuge si tuviéramos la oportunidad, debemos recordar que servimos a un Dios justo. Él promete que nos librará del dolor de vivir en un mundo caído, y que un día juzgará a todos según lo que hayan hecho aquí en esta tierra.

Job sabía lo que era sentirse inocente (con razón), pero también avergonzado: "Si fuere malo, ¡ay de mí! Y si fuere justo, no levantaré mi cabeza, estando hastiado de deshonra, y de verme afligido" (Job 10:15). Tal vez puedas identificarte y te sientes abatido y débil, listo para ondear la bandera blanca sobre tu matrimonio porque ya no puedes luchar con el peso de la vergüenza y la ira. En lugar de reprimir tu vergüenza, evitarla o dejarte dominar por ella, puedes reconocerla y luego ponerla a los pies de Jesús, sabiendo que lo que te han hecho (o lo que tú mismo has hecho) no influye en su visión de ti o su amor por ti. Y en lugar de insistir en tu enojo, puedes confiar en que Dios hará justicia, lo que significa que tú no necesitas hacerlo, porque sabes que un día, Aquel que murió para restaurar tu relación con Él, restaurará todas las cosas en este mundo.

EL PASADO NO TIENE LA ÚLTIMA PALABRA

Después de quince años de querer ayudar a Sarah, pero solo hacerle las cosas más difíciles, alabo a Dios por permitirnos vernos a nosotros mismos de manera más justa, hablarnos con más delicadeza y enfrentar juntos el dolor del pasado de Sarah. Si pudiera, diría a los que pecaron contra ella y le provocaron tal vergüenza inmerecida: "Vosotros pensasteis mal [contra mi esposa], mas Dios lo encaminó a bien, para hacer lo que vemos hoy, para mantener en vida a mucho pueblo" (Génesis 50:20). Por su gracia, Dios me permite aún aborrecer lo que le hicieron y confiar en que Dios tiene propósitos mayores que cumplirá entre los culpables. No fue hasta que renuncié a mi deseo de hacer justicia para seguir adelante —así como ver el egoísmo en mi enojo por cómo estaba afectando a mí y a nuestro matrimonio y concentrarme en lo que le estaba haciendo a Sarah—, que pude aprender a escucharla, ser parte del proceso de sanidad en nuestro matrimonio y amar a Sarah como Dios me ha llamado a hacerlo. Como dijo el teólogo A. W. Tozer:

Es un canal realmente nuevo el que hay que abrir en medio del desierto de nuestra mente para permitir que fluyan hacia ella las dulces aguas de la verdad y sanen nuestra gran enfermedad (El conocimiento del Dios santo, p. 114).

La mayoría de los matrimonios necesitan lidiar con el equipaje de una forma u otra. Puede ser doloroso, pero no hay que enterrarlo sin siquiera hablar de eso o usarlo y mencionarlo en cada momento de tensión o tirantez. Si un pasado doloroso está causando problemas en tu matrimonio, recuerda que todos somos pecadores, que Jesús restaurará todas las cosas a su debido tiempo y que el pasado de cada uno es parte de la historia que Dios está escribiendo en sus vidas: una historia que, para el que cree en Jesús, incluye perdón y libertad de la vergüenza, y que un día terminará con una restauración gloriosa y total y el resarcimiento de todos los daños. Cuanto más crean esto, más aprenderán a escucharse, amarse, orar y ayudarse uno al otro. Entonces, el dolor del pasado no tendrá la última palabra, porque Dios la tendrá.

REFLEXIÓN

1. ¿Hay áreas en el pasado de tu cónyuge que crees que están causando sus luchas actuales en el matrimonio? Si es así, ¿estás trayendo vergüenza o culpa innecesaria a tu cónyuge por algún equipaje que haya traído al matrimonio o incluso por algo del pasado en la relación? ¿Necesitas pedir perdón a tu cónyuge por la forma en que lo/a has tratado?

2. ¿Consideras a veces que los pecados de tu cónyuge son mayores que los tuyos o responsables de los problemas que tienen en el matrimonio? ¿Hasta qué punto te parece justo?

3. ¿Vives bajo la vergüenza de tu pasado? Si es así, ¿cómo trae el evangelio esperanza y sanidad a tus pecados y los pecados cometidos contra ti en el pasado? ¿De qué manera las distintas historias bíblicas que relatan cómo Dios saca belleza de las cenizas o usa lo que parece malo o doloroso para purificar a los suyos y hacerlos santos te animan hoy en tu matrimonio?

____

____

____

____

____

4. (Juntos, si es posible) Conversen sobre cómo su pasado ha afectado quiénes son hoy y su relación uno con el otro. Si han sentido vergüenza en su matrimonio, hablen delicadamente sobre lo que les ha hecho sentir así. Si reconoces que has reprochado a tu cónyuge por su pasado, confiésalo al Señor y a tu cónyuge, y ora para que Dios te dé un corazón de humildad, gracia y amor hacia tu cónyuge. Oren juntos y agradezcan a Dios porque la salvación a través de Jesucristo nos limpia de todo pecado —pasado, presente y futuro— y podemos caminar en la paz, la libertad y el gozo que trae su perdón.

____

____

____

____

____

ORACIÓN

Señor, tú prometes que, cuando vamos a Cristo, alejas de nosotros nuestros pecados, así como está de lejos el oriente del occidente, no solo los míos, sino también los de mi cónyuge. Ayúdame a vivir hoy a la luz de esta verdad en nuestro matrimonio. Señor, dame fortaleza para amar bien a mi cónyuge y buscar en mi corazón cualquier pecado que esté obstaculizando nuestra unidad matrimonial. Arranca toda raíz de orgullo en mi pensamiento o en mis acciones. Trae perdón donde ha habido pecados de los que nos hemos arrepentido, y trae tu verdad a nuestro corazón y nuestra mente si necesitamos arrepentirnos de pecados inconscientes. Que hoy podamos encontrar una esperanza renovada en nuestro matrimonio, al ver que tú eres más grande que cualquiera de nuestros pecados y cualquier herida del pasado. Gracias porque en tu bondad no estamos definidos por nuestro pasado, y que podemos encontrar esperanza, sanidad y un cambio al caminar en esta vida junto a ti. Amén.

Para reflexión adicional, lee Génesis 50:15-21; Isaías 43:16-19; Juan 8:1-11; Romanos 2:1-3; Filipenses 3:12-14.

CAPÍTULO 14

¿Quién soy yo ahora? Crisis de identidad y tu matrimonio

Cercó de vallado mi camino, y no pasaré; y sobre mis veredas puso tinieblas. Me ha despojado de mi gloria, y quitado la corona de mi cabeza. Me arruinó por todos lados, y perezco; y ha hecho pasar mi esperanza como árbol arrancado.

Job 19:8-10

Han pasado seis meses desde que puedo volver a caminar por mi cuenta. Una lesión grave en el tobillo sufrida hace casi dos décadas ha afectado lentamente mi capacidad de caminar y me ha dejado postrada en un sofá después de mi quinta cirugía con la esperanza de recuperar mi mayor capacidad de caminar posible. Como madre de cuatro niños pequeños, no poder caminar bien me hace sentir insegura del futuro de una manera totalmente nueva. A lo largo de estos últimos meses, no solo he luchado con nuevos miedos, sino que además he sentido fuertemente la pérdida de mi independencia, ya que he tenido que depender de otros para hacer incluso las cosas más básicas.

Sin embargo, los desafíos prácticos y mi mayor pérdida de independencia no han sido la única fuente de frustración. Me ha costado entender por qué Dios ha permitido otra pérdida: la pérdida de poder hacer muchas de las actividades que Él creó para que disfrute. A veces, cuando Jeff sale a correr o una amiga me cuenta sobre la liga deportiva donde juega, o veo la desilusión en los ojos de mis hijos cuando no puedo hacer algo activo con ellos, me invade una nueva ola de dolor. Lucho con la envidia y la tristeza, porque estoy sufriendo la pérdida de la persona que fui. Crecí acostumbrada a recibir elogios por mi atletismo; y poder hacer ejercicio y practicar deportes me aliviaba el estrés. Era una atleta. Ahora no puedo caminar.

Debido a que la vida siempre es cambiante e impredecible, todos experimentaremos temporadas en las que perderemos algo en lo que habíamos basado nuestra identidad. Tal vez eres una mujer que solía encontrar satisfacción y elogios en tu trabajo, pero ahora te encuentras trabajando sin cesar en casa con niños poco agradecidos y, al parecer, sin muchos resultados. Tal vez seas un hombre que se siente inválido debido a estar desempleado o a una posición laboral que no te satisface. Tal vez has deseado ser padre o madre, pero la infertilidad, la pérdida de un hijo o las necesidades especiales te han dejado con la sensación de que una parte de ti ha muerto. Tal vez estás luchando en tu propio matrimonio, porque soñaste con cómo sería el matrimonio y, pues bien, está muy por debajo de ese nivel.

El problema es que cuando encontramos nuestro sentido de la identidad y la seguridad en una cosa que puede cambiar, corremos el riesgo de perder nuestro sentido de la identidad si perdemos esa cosa. Si creo que seré suficiente, exitoso o feliz si consigo algo (salud, niños, carrera, etc.), entonces si eso no llega o no es como lo soñé, no solo me decepcionaré, sino que me sentiré perdido.

Si es el matrimonio en sí lo que más me hace sentir valorado y realizado, y nuestra relación comienza a sufrir, me culparé a mí mismo o a mi cónyuge (o a ambos). Si mi matrimonio tiene que ser perfecto para hacerme sentir bien conmigo mismo, entonces cualquier imperfección tiene el potencial de causar conflicto e incluso abrir una brecha entre mi cónyuge y yo. Me enojaré, me frustraré y me sentiré tentado a buscar satisfacción en otra parte.

Del mismo modo, si nuestro sentido de la identidad está en cosas fuera de nuestro matrimonio, entonces podemos descuidar nuestro matrimonio para perseguir lo que nos haga sentir bien con nosotros mismos (especialmente cuando el matrimonio se vuelve difícil): observa al esposo o esposa que busca una promoción profesional a expensas de su familia o busca elogios y relaciones en línea porque se siente insatisfecho o menospreciado en casa. Si perdemos aquello en lo que encontramos satisfacción y propósito, estaremos tentados a sentirnos tristes, enojados y apáticos de una manera que seguramente afectará nuestro matrimonio. Algunas veces lo he visto en mí misma. Puesto que he perdido la capacidad física de hacer muchas de las cosas que disfrutaba y en las que me sentía segura, me ha costado controlar mi estrés en casa y no descargar mis frustraciones sobre Jeff. De manera similar, durante las temporadas cuando Jeff ha tenido problemas en el trabajo, a veces he sentido que él era infeliz y se sentía frustrado conmigo. Ya sea que seamos conscientes de ello o no, colocar nuestra identidad en el matrimonio (o en nuestro cónyuge) creará expectativas poco saludables, y una búsqueda de nuestra identidad en cosas fuera de nuestro matrimonio a menudo será perjudicial para nuestro cónyuge y perjudicial para nuestro matrimonio.

CÓMO DISTINGUIR LOS CAMINOS SIN SALIDA

Quizás valga la pena hacerse algunas preguntas:

- ¿En qué pienso para sentirme mejor en un mal día? ¿Cómo completo instintivamente estas oraciones: "Al menos tengo…" o "Todo está bien porque…"?
- Si tuviera que describirme a mí mismo en términos de cuatro o cinco oraciones "Soy…", ¿qué dirías? Si perdiera una de esas cosas, ¿cómo me sentiría?
- ¿Estoy colocando mi identidad en mi cónyuge y mi matrimonio? ¿Pongo expectativas poco saludables y poco realistas sobre mi cónyuge que satisfagan mi necesidad y me sacien? ¿O acaso un trabajo, un pasatiempo, un talento, las redes sociales o incluso las oportunidades de un ministerio consumen mi tiempo, mis pensamientos y mi energía hasta el punto de que mi cónyuge solo recibe las sobras? ¿Qué efecto tiene la perspectiva que tengo de mi matrimonio y esas otras cosas en nuestra relación?

Estas son preguntas difíciles de hacer y pueden ser aún más difíciles de responder con sinceridad. Sin embargo, debemos ser sinceros, aunque sea un poco humillante, porque hay un camino mejor, pero solo podremos seguirlo si identificamos los caminos sin salida por los que solemos andar.

REDIMIDO, SEGURO Y EN CAMINO AL HOGAR

Job conoció la pérdida de la identidad terrenal. Como un hombre una vez muy respetado, fuerte y rico, ahora estaba enfermo, en la pobreza y era el hazmerreír y objeto de juicio de quienes lo rodeaban, incluidos su esposa y sus amigos más cercanos (Job 19:17-19). Job dice de Dios:

> *Me ha despojado de mi gloria, y quitado la corona de mi cabeza. Me arruinó por todos lados, y perezco; y ha hecho pasar mi esperanza como árbol arrancado (19:9-10).*

Job no solo había sido despojado de su "gloria" —las cosas que hacían que él fuera él— hasta el punto en que lo que una vez fue ya no existía, sino que Job también sabía que su sufrimiento, en cierto sentido, era obra de Dios. Tratar de reconciliar la bondad de Dios con lo que estaba experimentando fue la esencia de la lucha de Job.

Sin embargo, esto es lo que me sorprende. A pesar de no entender por qué Dios lo ha despojado de su "gloria" terrenal, y mientras todavía lamenta todo lo que ha perdido, de repente Job declara con confianza (¡tanta confianza que quería que sus palabras se inscribieran en un libro para que todos las leyeran, v. 23!):

> *Yo sé que mi Redentor vive, y al fin se levantará sobre el polvo; y después de deshecha esta mi piel, en mi carne he de ver a Dios; al cual veré por mí mismo, y mis ojos lo verán, y no otro (vv. 25-27).*

De alguna manera, y en cierto sentido, la pérdida de su "gloria" terrenal solo sirvió para aumentar la seguridad de Job en el Dios en quien siempre había confiado. ¿Qué estaba pasando? Esto: su identidad ya no se encontraba en nada referido a sus propias acciones (incluido su matrimonio), sino solo en la promesa de que algún día vería al Dios vivo, que lo redimiría y le restauraría todo lo que había perdido. Si su propósito en la vida se hubiera basado en ser rico, estar sano y recibir el amor de quienes lo rodeaban, no habría tenido ninguna razón para seguir adelante. Sin embargo, Job sabía que una mejor vida estaba por llegar. Job puso toda su seguridad en la esperanza y la verdad del carácter inmutable y las promesas de Dios, más que en sus confusas y terribles circunstancias. Había sido despojado de su "gloria", pero no había perdido lo que más necesitaba, y esa era su verdadera gloria.

Esta es la esperanza que también podemos tener cuando nos enfrentamos a pérdidas que parecen borrar lo que solíamos ser y robarnos aquello en lo que solíamos encontrar nuestra seguridad. Hay tres verdades sencillas sobre las que todos los que están en Cristo pueden, como Job, afirmarse:

1. *Soy redimido.* Soy dos veces propiedad de Dios: primero en la creación, segundo en la salvación. Mi vida no es mía; he sido rescatado de la maldición y el poder del pecado y el Espíritu Santo me ha dado poder para vivir en libertad para servir, amar, adorar, disfrutar, reflejar y glorificar a Cristo en todo lo que hago (19:23-25).
2. *Estoy seguro.* Mi Redentor volverá y, debido a que soy declarado justo por la sangre de Cristo, viviré con Él por la eternidad en total plenitud. Incluso ahora, Él me está transformando cada vez más en la persona que diseñó que fuera, pues me está transformando a la semejanza de su Hijo (19:26-27; 23:10).
3. *Voy camino al hogar con Cristo.* Un día lo veré y mi fe se convertirá en vista. Aunque no siempre puedo ver y comprender sus caminos, Él es digno de confianza y demostrará ser fiel. Hoy puedo vivir con mi mirada puesta en ese día futuro (23:13-15).

Si mantenemos estas tres cosas en el centro de nuestra identidad, podemos hacer frente a las desilusiones en el matrimonio o perder cosas en nuestro matrimonio con un gozo inquebrantable en lugar de ira, derrota, amargura o desesperanza.

Después de todo, en Cristo no podemos perder lo que realmente necesitamos. Y cuando la pérdida trae ira, envidia y amargura, es porque nos estamos separando de un ídolo. En tiempos difíciles, a veces es fácil aferrarse a un ídolo incluso cuando lo perdemos. He descubierto que esta es una fuerte lucha en épocas de sufrimiento, porque la decepción y el dolor en un área de la vida pueden tentarme a asirme de otra cosa que me haga sentir bien, valiosa o segura. En las tormentas, cuando nos despojan de un ídolo, podemos ir tras otro. Sin embargo, los ídolos son amos crueles. Nunca nos satisfacen ni nos liberan como prometen. Entonces, en su bondad, Dios a veces desafía estos ídolos e identidades falsas y nos permite sentir el aguijón y el vacío de sus falsas promesas para que podamos volver a ponerlos en el lugar apropiado. Estas tormentas pueden hacer que nos encontremos más en Cristo y, por tanto, no perdernos a nosotros mismos en la pérdida de algo precioso.

NO MÁS CONMISERACIÓN

Por dolorosa que haya sido la pérdida de la capacidad de usar mi tobillo, y por mucho que me sienta tentada a sentir conmiseración de mí de vez en cuando, puedo ver cuánto Dios ha usado la pérdida de algo bueno para darme algo superior. Aunque el atletismo, la actividad física y correr con mis hijos fueron regalos que una vez disfruté, nunca me hicieron sentir realmente satisfecha y desde luego no me definieron. Sin embargo, tuve que perderlos, sentir el dolor de perderlos y permitir que el dolor me acercara más a Cristo, para darme cuenta de que Él tiene todo lo que necesito y puede saciarme de una manera que esas cosas nunca podrían. En su bondad, a medida que he aceptado gradualmente lo que he perdido y he llegado a comprender que mi identidad y seguridad están y solo podrían estar en Jesús, Dios me abrió los ojos a nuevos regalos y placeres, como escribir, una actividad que ¡puedo hacer desde el sofá! No obstante, más que nada, he aprendido que mi seguridad no puede estar en nada de lo que hago ni en nada de lo que tengo, ni en Jeff o en ser la Sra. Walton; siempre debe estar en Cristo y en todo lo que Él me ha prometido. He aprendido la verdad de estas palabras de Joni Eareckson Tada, quien perdió el uso de todas sus extremidades cuando era una adolescente:

Tu identidad nunca debe estar en las cosas que compiten por el espacio en tu corazón. No disminuyas el precio pagado por ti ni minimices la adopción que Dios ha hecho de ti (My Suffering Has Not Defined Me, artículo en desiringgod.org, consultado el 5 de diciembre de 2019).

Pareciera que ya lo he superado todo, pero no. La lucha aún continúa. Sin embargo, al seguir luchando con nuevas pérdidas y con el deseo de encontrar mi seguridad, mi esperanza y mi identidad en cosas insignificantes, aprendí a orar a menudo:

Cualquiera que sea el ídolo
que atraiga mi veneración
ayúdame de tu trono a quitarlo
y darte solo a ti mi adoración.
(William Cowper, "O For a Closer Walk with God"
["Oh, caminar más cerca de Dios"]).

Es una oración osada, pero buena, porque somos redimidos por Cristo, estamos seguros en Cristo y vamos camino al hogar con Cristo. Puedo estar segura porque "él conoce mi camino; me probará, y saldré como oro" (Job 23:10), y tú también.

REFLEXIÓN

1. ¿En qué es más probable que busques seguridad, además de Cristo? Si perdieras eso, ¿sería Jesús suficiente para ti?

2. ¿Encuentras de alguna manera tu seguridad o identidad en tu matrimonio? ¿Estás tratando de encontrar fuera de tu matrimonio algo que te sacie o te dé un propósito? ¿Cómo afecta esto tu relación matrimonial?

3. Si encuentras tu seguridad o tu identidad en tu matrimonio, o en cosas fuera de tu matrimonio, ¿cómo cambiaría tu manera de comprender tu identidad en Cristo: tus prioridades; cómo invertir tu tiempo; y cómo ves a tu cónyuge y tu matrimonio?

____

____

____

____

____

____

4. (Juntos, si es posible) Conversen sobre sus respuestas a las preguntas anteriores; es posible que tengas ideas sobre tu cónyuge que él o ella no ha notado. Luego pregúntense: ¿Qué cambios debemos hacer para reordenar nuestras prioridades y nuestro deseo de vivir con Cristo en el centro de nuestra vida y nuestro matrimonio?

____

____

____

____

____

ORACIÓN

Padre celestial, confieso que me apresuro a buscar mi seguridad, confianza, identidad y felicidad en muchas otras cosas además de ti. Temo perderme a mí mismo/a si pierdo ciertas cosas o capacidades en las que he encontrado seguridad y placer. Te ruego que me perdones por idolatrar los regalos que me has dado en lugar de adorarte por encima de todas las cosas. Permíteme entender y estar seguro/a de mi identidad en ti, y muéstrame las áreas a las que siento la tentación de correr en lugar de acudir a ti. Fortalece nuestro matrimonio, pero protégenos de verlo como nuestro principal propósito y mayor fuente de alegría. Ayúdame a disfrutar de las bendiciones y los regalos que me has dado, pero a no aferrarme a ellos y buscar mi más grande gozo en ti. Amén.

Para reflexión adicional, lee Juan 15:5; Romanos 12:2; Gálatas 2:20; Filipenses 1:6; Colosenses 3:1-4.

CAPÍTULO 15

Cuando te sientes solo en la tormenta

Hizo alejar de mí a mis hermanos, y mis conocidos como extraños se apartaron de mí. Mis parientes se detuvieron, y mis conocidos se olvidaron de mí.

JOB 19:13-14

Mientras recorría con mi mirada la sala y veía los rostros sonrientes y los saludos amistosos, de alguna manera el espacio a mi alrededor parecía hacerse más pequeño. Aunque la sala estaba llena de personas que conocía, de alguna forma me sentía completamente desconocida. *Si tan solo supieran…* —pensé—. *¡Si tan solo pudieran ver el profundo dolor que está grabado en mi corazón!* Sin embargo, aunque pudieran ver, ¿qué podrían hacer? De alguna manera, en medio de todas esas personas, me sentía increíblemente sola.

Por supuesto, sé que no estoy *realmente* sola. Sé que Jesús vive dentro de mí y que muchas personas se preocupan y quieren ayudar, pero la realidad es que las personas, incluso aquellas con las mejores intenciones, tienen una capacidad limitada de empatizar con la otra persona. Incluso un cónyuge, que puede estar pasando exactamente por la misma prueba, tiene una comprensión limitada de cómo su esposo o esposa se sienten particularmente afectados por su dolor. Debido a diferentes temperamentos, personalidades, experiencias, debilidades y niveles de madurez espiritual, dos personas no sufrirán exactamente de la misma forma, ni comprenderán perfectamente la experiencia del dolor de cada una.

Entonces, ¿cómo transitamos nosotros, criaturas relacionales, los oscuros corredores de la soledad? ¿Cómo no ceder al impulso de la soledad, que nos tienta a aislarnos e instalarnos dentro del falso consuelo de nuestros muros de aislamiento, con todo el daño que tal aislamiento provocará en nuestro matrimonio?

RECUERDA...

Primero, debemos recordar que, a pesar de lo solitaria que puede resultar la vida, no somos los únicos que experimentamos soledad. Es una de las luchas humanas más comunes y lo ha sido desde el principio de los tiempos. Felizmente, la Palabra de Dios no evade el tema. David clamó en Salmos 25:16-17: "Mírame, y ten misericordia de mí, porque estoy solo y afligido. Las angustias de mi corazón se han aumentado; sácame de mis congojas". Jeremías gimió en Lamentaciones 3:7-8: "Me cercó por todos lados, y no puedo salir; ha hecho más pesadas mis cadenas; aun cuando clamé y di voces, cerró los oídos a mi oración". Y, como hemos visto, Job frecuentemente lamentaba su estado de soledad: "Hizo alejar de mí a mis hermanos, y mis conocidos como extraños se apartaron de mí. Mis parientes se detuvieron, y mis conocidos se olvidaron de mí" (Job 19:13-14).

¿Notas el hilo conductor? La soledad se intensificó en la aflicción de todos ellos. Así que no debería sorprendernos cuando se intensifica también en nuestra aflicción. A veces, nuestras circunstancias perpetúan la soledad simplemente debido a la naturaleza de nuestras pruebas (como una enfermedad o un hijo con necesidades especiales) que nos alejan de la vida que una vez conocimos. Sin embargo, a menudo, la soledad llega a nuestro corazón porque nuestras pruebas nos hacen sentir *diferentes*. Por eso podemos estar entre una multitud de personas y sentirnos más solos que cuando realmente estamos solos: llevamos un peso que nadie parece ver más que nosotros, y nadie puede entender completamente excepto nosotros.

¿CONSTRUYES PUENTES O MUROS?

Debido a que el sufrimiento tiene una forma de distorsionar la realidad, tendemos a hacer suposiciones basadas en nuestros sentimientos y en la apariencia de las cosas. Nuestros ojos comienzan a pintar el mundo con los colores de nuestros sentimientos y nuestra percepción. Cuanto más vivimos en esta realidad distorsionada, una que presupone que nadie puede entender o identificarse con nuestra difícil situación, más nos sentimos tentados a aislarnos y hundirnos en nuestra soledad. Se convierte en un círculo vicioso y necesitamos una energía que sentimos que no tenemos para salir de él.

Además, dentro de nuestro matrimonio, nuestra respuesta a las pruebas puede ser construir muros en lugar de puentes, lo cual crea una lejanía entre los cónyuges. Por un lado, hay una profundidad y un vínculo que viene de caminar a través de las dificultades junto a nuestro esposo o esposa, la única otra persona que está tan cerca de ellos mismos como nosotros (aparte de Dios). Sin embargo, por otro lado, esas mismas dificultades tienen el potencial de aislarnos el uno del otro, de modo que nuestro matrimonio se convierte en el lugar más doloroso de soledad.

¿Cómo seguir adelante?

NO ERES EL ÚNICO

La Palabra de Dios nos recuerda que nos estamos exentos del sufrimiento. No solo es parte de vivir en este mundo caído, sino que se nos promete que todos los creyentes enfrentaremos varias pruebas (aunque algunas serán más grandes que otras). Entonces, la soledad no debería sorprendernos, ni es una experiencia excepcional para nosotros:

> *Amados, no os sorprendáis del fuego de prueba que os ha sobre-*
> *venido, como si alguna cosa extraña os aconteciese, sino gozaos*
> *por cuanto sois participantes de los padecimientos de Cristo,*
> *para que también en la revelación de su gloria os gocéis con*
> *gran alegría (1 Pedro 4:12-13).*

Puesto que Jesús anuló la maldición del pecado, las pruebas (incluida la soledad) ya no carecen de sentido o esperanza:

> *En lo cual [las adversidades] vosotros os alegráis [pueden ale-*
> *grarse], aunque ahora por un poco de tiempo, si es necesario,*

tengáis que ser afligidos en diversas pruebas, para que sometida a prueba vuestra fe, mucho más preciosa que el oro, el cual aunque perecedero se prueba con fuego, sea hallada en alabanza, gloria y honra cuando sea manifestado Jesucristo (1 Pedro 1:6-7).

A medida que nos damos cuenta de que estamos en compañía de otros que, quizás invisibles para nosotros, también están luchando con la soledad, podemos desviar nuestra atención de nosotros mismos y buscar ser el amigo que desearíamos tener en los demás. Podemos hacer que la lucha nos haga más empáticos y más rápidos para detectar a la persona marginada. A menudo, cuando nos concentramos en ser un amigo en lugar de desear tener uno, terminamos siendo bendecidos a cambio.

NO ENTENDER NO ES LO MISMO QUE NO PREOCUPARSE

¿Esperas algo de los demás, incluido tu cónyuge, que no pueden o no están destinados a darte? Si no permitimos que nuestra soledad nos lleve a Jesús, entonces, inevitablemente, trataremos de llenarnos de lo que otros pueden darnos y, como nadie más es tu Salvador, al final eso terminará por herirte y decepcionarte. Dado que incluso nosotros no siempre sabemos lo que necesitamos, ¡no es de extrañar que otros tampoco! Sin embargo, Jesús sí sabe.

La soledad aumenta no solo porque estamos solos, sino porque nos obsesionamos con que las personas sean la solución a nuestro estado de soledad. Eso las prepara para fallarnos y, cuando lo hacen, fácilmente nos volvemos amargados, resentidos, necesitados y retraídos. El pastor Eric Geiger escribe: "Cuanto más aislado estás, más egocéntrico eres. Y, cuanto más egocéntrico seas, más probabilidades tendrás de vivir aislado" (ericgeiger.com/2019/02/what-research-says-about-how-self-centeredness-grows-in-us, consultado el 2 de diciembre de 2019). Y cuanto más aislados estemos, más susceptibles seremos a ser atraídos a las trampas del pecado y las mentiras de Satanás. No es de extrañar, entonces, que Satanás trabaje más duro para producir o perpetuar este aislamiento dentro de nuestro matrimonio, donde puede ocurrir el mayor daño. No permitas que te convenza de que tu cónyuge debe entenderte por completo y saber siempre qué decir, y que como no lo hace, en realidad no te ama, y eso hace que no valga la pena esforzarse por expresarle tus sentimientos.

EL AMIGO CERCANO

Hay una manera mejor: una que nos lleva al consuelo y la presencia de Cristo que todo lo sacia (2 Corintios 1:3b-5). Jesús es la única fuente de verdadero consuelo porque no solo es que Él es el único que puede ver, comprender e identificarse plenamente con nuestro sufrimiento, sino que es el único que tiene el poder de consolarnos en Él y hacer algo al respecto. Por supuesto, a menudo usa a personas para que te consuelen, y los amigos y la familia pueden orar, traer comida y enviar notas de aliento, pero solo el Espíritu de Cristo puede darnos la fuerza para perseverar. La iglesia puede ofrecer orientación, apoyo y aliento desde su comprensión y sabiduría limitadas, pero solo "el Dios de esperanza [nos llena] de todo gozo y paz en el creer, para que [abundemos] en esperanza por el poder del Espíritu Santo" (Romanos 15:13).

Cuando Jesús toma el lugar que le corresponde como nuestra fuente de consuelo, gozo y satisfacción, nuestras expectativas de los demás también encontrarán el lugar que le corresponde. Dios nos ha dado el cuerpo de Cristo y nuestro matrimonio como bendiciones y su providencia para que podamos servirnos y amarnos unos a otros a partir de la abundancia de nuestra satisfacción y gozo en Él.

Entonces, cuando Jesús se convierte en la fuente de nuestro consuelo y la respuesta a nuestra soledad, nuestra respuesta cambia de exigir el consuelo constante y la ayuda perfecta de los demás a recibir con gracia las ofrendas imperfectas de los demás y dar consuelo a quienes nos rodean. Sorprendentemente, si la soledad nos lleva a una experiencia más profunda del consuelo de Cristo, no nos aísla de los demás, sino que nos motiva a vivir en comunidad con otros creyentes (y, lo más importante, con nuestro cónyuge) con el deseo genuino de dar a los demás lo que hemos recibido del Espíritu. Poco a poco, nuestra soledad comienza a convertirse en gozo, no porque otras personas sacien nuestras necesidades y deseos como nosotros queremos, sino porque Cristo ha demostrado ser suficiente.

Si te encuentras en una temporada de profunda soledad y te sientes abandonado por quienes te rodean, como Job, recuerda que estar solo o ser incomprendido no tiene por qué equivaler a la soledad en el verdadero sentido de la palabra. Tienes un Salvador que muchas veces estaba solo y se identifica contigo. La misma soledad que las pruebas a menudo te imponen puede llevarte a conocer la cercanía y la presencia de Jesús de una manera que nunca hubieras conocido.

EL LENGUAJE DE NUESTRA SOLEDAD

Y cuando Dios también parece distante de nosotros, podemos encontrar un lenguaje para nuestros sentimientos en las Escrituras. Job clamó: "He aquí yo iré al oriente, y no lo hallaré; y al occidente, y no lo percibiré; si muestra su poder al norte, yo no lo veré; al sur se esconderá, y no lo veré" (Job 23:8-9). Job conocía la oscuridad y el dolor de las circunstancias que parecían oscurecer su visión de Dios hasta el punto de cuestionar dónde estaba Dios.

Por alguna razón, en ocasiones Dios parece hacer silencio. Nos cuesta sentir su presencia y su consuelo. Aunque no entiendo los caminos de Dios y todavía lucho por entender el por qué a veces parece hacer silencio, me pregunto si es con el propósito de avivar la chispa de la fe dentro de nosotros, para darnos más hambre y anhelo de su presencia. Como el salmista, podemos usar su silencio para suplicar que se acerque a nosotros:

> *Como el ciervo brama por las corrientes de las aguas,*
> *Así clama por ti, oh Dios, el alma mía.*
> *Mi alma tiene sed de Dios, del Dios vivo;*
> *¿Cuándo vendré, y me presentaré delante de Dios?*
> *Fueron mis lágrimas mi pan de día y de noche,*
> *Mientras me dicen todos los días:*
> *¿Dónde está tu Dios? (Salmos 42:1-3).*

La soledad no tiene que apagar la esperanza. Necesitamos contrarrestar nuestros sentimientos con la verdad: y la verdad es que Jesús soportó el silencio y el distanciamiento de Dios para que tú y yo nunca lo tengamos que experimentar. "Por lo cual estoy seguro de que ni la muerte, ni la vida, ni ángeles, ni principados, ni potestades, ni lo presente, ni lo por venir, ni lo alto, ni lo profundo, ni ninguna otra cosa creada nos podrá separar del amor de Dios, que es en Cristo Jesús Señor nuestro" (Romanos 8:38-39). Puede que eso no parezca verdad, pero sigue siendo verdad. Algún día ya no quedará ningún resto de la soledad que a menudo sentimos en esta vida. Estaremos en la presencia de Jesús y al fin veremos su rostro que nunca más volverá a ser velado. El pecado y el sufrimiento ya no existirán (Apocalipsis 21:4). ¡Oh, qué gran día será!

Hasta ese día, lucha contra la soledad al recordar lo que es verdad y dar un paso de fe. Si la soledad se ha asentado en tu matrimonio, haz el esfuerzo consciente de acercarte a tu cónyuge en lugar de aislarte de él o ella. Debes tener claro lo que necesitas (por ejemplo: "Solo necesito que en este momento me escuche y no trate de dar una solución"). Aprecia cualquier deseo que tenga de comprender, en lugar de exigir o esperar una respuesta perfecta. Y si la soledad se ha asentado en tu relación con Dios, clama a Él y pídele que te dé la seguridad de que está cerca cuando no lo sientas; y que Él esté obrando para que tus sentimientos puedan reflejar esa verdad. Cuando recuerdes que Cristo nunca está lejos de ti, podrás derribar los muros dentro de tu matrimonio y, por lo tanto, podrás disfrutar el consuelo y la bendición de tenerse el uno al otro para caminar juntos a través de la temporada de pruebas.

REFLEXIÓN

1. ¿Luchas con la soledad (fuera o dentro de tu matrimonio)? ¿Si es así, cuándo y por qué? ¿Qué verdades de la Palabra de Dios puedes recordar en tales momentos?

2. Si sientes que Dios está distante, ¿qué verdad has aprendido en el libro de Job (y en otros pasajes de la Palabra de Dios) que puede recordarte lo que es verdad cuando sientes que Él está ausente o en silencio?

3. ¿Qué pasos prácticos puedes tomar para luchar contra los sofocantes muros de la soledad?

4. (Juntos, si es posible) Pregúntense mutuamente si alguna vez han sentido soledad dentro de su matrimonio, y cuándo y por qué creen que les sucede eso. Traten de encontrar algunas formas prácticas para ayudarse mutuamente cuando llegue la soledad. Si ambos luchan con la soledad debido a sus circunstancias, ¿cómo pueden animarse mutuamente a apoyarse más en Cristo en esta temporada? Conversen sobre formas de luchar contra la tentación de aislarse y perder la perspectiva en las pruebas.

ORACIÓN

Jesús, podemos sentir mucha soledad en esta vida. Cuanto más difícil se ha vuelto la vida, más he sentido la tentación de alejarme de los demás por miedo a ser malinterpretado/a o herido/a por sus palabras o su silencio. A pesar de que veo personas a mi alrededor, siento que nadie me ve realmente, incluido, a veces, mi cónyuge. Sé que, con demasiada frecuencia, mi miedo a la soledad me ha tentado a llenar ese vacío con cosas huecas y distracciones momentáneas, en lugar de volverme hacia ti. Ayúdame a confiar en que me darás fortaleza y consuelo cuando acuda a ti. Perdóname por buscar que otras personas sacien mis necesidades y deseos y por resentirme cuando no lo hacen. Usa este tiempo para atraerme hacia ti y ayudarme a confiar en que puedes saciar y satisfacer las necesidades, los deseos y los anhelos de mi corazón de una manera que nadie más puede hacerlo. Jesús, no te alejes de mí en mi soledad. Ayúdame a conocer la cercanía, el consuelo y la alegría de tu presencia. Amén.

Para reflexión adicional, lee Deuteronomio 31:6; 1 Samuel 12:22; Salmos 23:1-6; Lamentaciones 3:25-30; Romanos 8:35-39.

CAPÍTULO 16

El sufrimiento y la intimidad (Parte 1)

Mi aliento vino a ser extraño a mi mujer.
JOB 19:17

Lo admito, he temido un poco que llegara este capítulo. ¡Jeff, por otro lado, no podía esperar!

Dejando a un lado las bromas, no hay área de nuestro matrimonio que haya conllevado más lágrimas, más discusiones y más necesidad de la ayuda de Dios que esta. Las complejidades y los matices del sexo y la intimidad son suficientes para escribir un libro completo. Por eso queremos ser claros: no tenemos todas las respuestas y no podremos ofrecer un panorama completo de la importancia o los desafíos de este aspecto de la vida matrimonial. Todavía estamos (y hasta cierto punto, quizá siempre lo estaremos) viviendo nuestra propia travesía marital. Todavía estamos derribando distorsiones, sanando heridas del pasado, bajando nuestras defensas, abordando patrones de pensamiento incorrectos y aprendiendo a confiar en que Cristo reconstruya esta área de nuestro matrimonio en el centro de su verdad.

Y hemos hablado con bastantes parejas que sufren para saber que no somos los únicos que enfrentamos desafíos. De hecho, muchas parejas han expresado su frustración por la falta de recursos y enseñanza en sus iglesias para abordar las dificultades que enfrentan muchos matrimonios en el área del sexo y la intimidad. Por supuesto, debe haber discreción sobre cómo y cuándo abordar este tema, pero debido a su naturaleza delicada y compleja, a menudo se evita el tema por completo. Una de las razones por las que queríamos (o necesitábamos) incluir dos capítulos sobre la intimidad en este libro fue porque la mayoría de los libros sobre el matrimonio que hemos leído (aunque estoy seguro de que hay otros) se han centrado principalmente en los aspectos espirituales de la intimidad sexual entre marido y mujer y no abordan los diversos matices y desafíos que enfrentan muchos matrimonios en la actualidad. (¡Ciertamente, ninguno de los que hemos leído ha usado Job 19:17 para presentar el tema!). La realidad es que, cuando las tormentas afectan nuestro matrimonio, tienden a afectar lo que sucede en la cama y, a menudo, es lo que está (o no) sucediendo en la cama lo que causa las tormentas mismas. Podríamos saber cómo deseamos que sean las cosas, pero a veces nuestras circunstancias hacen que ese deseo parezca una realidad imposible.

En los próximos dos capítulos, no nos centraremos tanto en las razones bíblicas, punto por punto, de la importancia de la intimidad sexual dentro del matrimonio (y solo dentro del matrimonio); en cambio, intentaremos abordar la intimidad en su conjunto y observar algunas de las áreas grises a las que se enfrentan muchas parejas. No tendremos todas las respuestas a estos desafíos, pero esperamos poder darte un poco de aliento y el tema de una conversación puntual y productiva entre tú y tu cónyuge.

Como notarás, haremos bastante uso de la palabra *intimidad* a lo largo de los dos capítulos siguientes, y eso es deliberado; porque, si bien el sexo es un subconjunto y una expresión de la intimidad, lo que realmente importa es la intimidad que fluye a lo largo de todo el matrimonio (y, por tanto, como parte de ello, les ayuda a disfrutar de su vida sexual juntos).

SEXO NO ES LO MISMO QUE INTIMIDAD

(Jeff) El sexo y la intimidad no son intercambiables. Dos personas pueden tener sexo, pero estar completamente separadas en todos los demás niveles. Por lo general, al comienzo de nuestro matrimonio, el apasionamiento y la química sexual estimulan nuestra relación y podríamos presuponer que siempre será así. Sin embargo, con el tiempo, a medida que los factores estresantes de la vida presionan y la

emoción del apasionamiento comienza a desvanecerse, descubrimos cuánta *intimidad* tenemos en verdad. Esto se debe a que el sexo y la "cercanía" física es solo un aspecto de la intimidad marital. La intimidad tiene que ver con acercarte a cada parte de tu cónyuge: emocional, física, intelectual y espiritualmente.

Vemos esto en Génesis 4:1, donde dice: "Conoció Adán a su mujer". Esa palabra "conoció" hace referencia al sexo, pero también tiene una profundidad mucho más allá del acto sexual. El consejero matrimonial y familiar Greg Smalley escribe:

> *La palabra* yadá *(conocer) es un poderoso concepto que aclara que el sexo no solo requiere del cuerpo, sino también del corazón y la mente. La metáfora del sexo como conocer es un aspecto importante del término* yadá. *Implica descubrir, buscar activamente conocer a tu cónyuge. Primera de Pedro 3:7 dice: "Vosotros, maridos, igualmente, vivid con ellas sabiamente". Aquí se instruye a los esposos a vivir con sus esposas con conocimiento. Este tipo de conocimiento ocurre cuando adoptamos una actitud de curiosidad y hacemos preguntas para comprender mejor las emociones, los miedos, las esperanzas, los sueños, las inquietudes, los gustos, los disgustos, etc., de nuestro cónyuge. Creo que una de las necesidades humanas más profundas es que nuestro cónyuge nos conozca: experimentar intimidad. La misma palabra intimidad sugiere cualidad de íntimo o la acción de intimar: "ver dentro de alguien". Y aquí es donde entra en escena la palabra* yadá. *La curiosidad puede crear un vínculo emocional que a menudo es un requisito previo para que una mujer pueda conectarse sexualmente con su esposo". (¿Does "Yada, Yada, Yada" in Your Marriage Mean it's "Blah, Blah, Blah"? www.focusonthefamily.com, consultado el 5 de diciembre de 2019).*

Deberíamos ver la intimidad sexual como el desbordamiento de la intimidad del resto del matrimonio. Aunque Dios, en su gracia, diseñó el sexo para que lo disfrutemos a nivel físico, también lo creó para que reflejemos el misterio del amor de Cristo por su esposa, la Igle-

Nadie habla de esto en
la iglesia el domingo por
la mañana o en el trabajo
un lunes por la mañana,
pero más parejas de las
que imaginas enfrentan
esta lucha o decepción.

sia (Efesios 5:28-32). La unión sexual fue diseñada para que sea una expresión externa de amor, respeto, amistad y confianza entre el esposo y la esposa. Es lo que lleva a la mujer de Salomón en el Cantar de los Cantares a exclamar: "Su paladar, dulcísimo, y todo él codiciable. *Tal es mi amado, tal es mi amigo*" (5:16, cursivas añadidas).

De modo que el sexo no es el aspecto que define nuestro matrimonio, pero puede ser un indicador de la salud de nuestro matrimonio. La intimidad relacional debería alimentar la intimidad sexual, y la intimidad sexual debería alimentar la intimidad relacional. La razón por la que esto es importante es porque a menudo vemos el sexo como una parte segmentada del matrimonio, y no como algo conectado con el resto del "organismo" marital.

Sin embargo, algunos de los que están leyendo tal vez se sientan turbados con todo esto. "Suena genial —quisieras decir (o gritar o llorar)—, pero nuestra vida sexual es un desastre y ni siquiera sé por dónde empezar". Si tú eres uno de ellos, primero permíteme asegurarte que no eres el único. Nadie habla de esto en la iglesia el domingo por la mañana o en el trabajo un lunes por la mañana, pero más parejas de las que imaginas se enfrentan a luchas, pesar o decepción por su vida sexual en el matrimonio. En segundo lugar, lo que te parece imposible nunca es imposible para Dios. Él puede hacer más de lo que puedes pedir o incluso pensar (Efesios 3:20). Comienza por orar por ti y por tu cónyuge y pide a Cristo que haga lo que solo Él puede hacer.

En tercer lugar, incluso cuando pensamos que el problema es nuestro cónyuge, es importante que evaluemos también en qué podríamos estar nosotros errados. Todos tendemos a elevar al sexo como el principal propósito y deseo de nuestro matrimonio o a disminuir su valor como un aspecto opcional innecesario del mismo.

UNA PERSPECTIVA DEMASIADO ALTA
Y OTRA DEMASIADO BAJA

(*Jeff*) Vivimos en una cultura saturada de sexo donde parece que se valora mucho el sexo, cuando en realidad solo lo hemos abaratado. Bebemos del agua en la que nadamos, por lo que esta atmósfera se infiltra en nuestros matrimonios de una forma u otra. Como ocurre con cualquier buena dádiva de Dios, podemos terminar por venerar el sexo por encima de Cristo y valorar el sexo más que a nuestro cónyuge. En lugar de verlo como un acto de confianza y entrega vulnerables en busca de intimidad con la persona que amas, se convierte en un deseo a satisfacer y un derecho a reclamar. Esta idolatría del sexo toma aquello con lo que Dios quiso que nos uniéramos en una sola carne (Génesis 2:24) y lo convierte en un intercambio egoísta y sin amor. Con la prevalencia de la pornografía y la sexualización de todo (solo basta con mirar algunos comerciales), no es de extrañar que el sexo y la intimidad se hayan distorsionado tanto dentro como fuera del matrimonio. Esta sexualización ha promovido una cultura de sexo vacío, abuso sexual y cónyuges que se sienten usados en lugar de sentirse apreciados.

Un cónyuge que espera y exige sexo de su esposo o esposa, sin importar el costo para su cónyuge, no está buscando la intimidad que Dios ha diseñado para el matrimonio. No importa cómo alguien intente racionalizarlo mediante el mal uso de pasajes de las Escrituras como 1 Pedro 3:1 o 1 Corintios 7:3-4, esta actitud es dañina para tu cónyuge, tu matrimonio y tu propia alma. Lamentablemente, creo que hay demasiados matrimonios dentro de la iglesia que están viviendo con esta dinámica, hasta el punto en que el abuso sexual en los "matrimonios cristianos" se ha vuelto cada vez más frecuente; pero, tristemente, a menudo se ignora. Si este es el caso en tu matrimonio, no creas la mentira de que Dios te ordena que te sometas a tal comportamiento. Es pecaminoso, incorrecto y para nada bíblico. Busca ayuda y sabiduría de un mentor o líder cristiano de confianza que esté dispuesto a escuchar y que no le reste importancia ni lo excuse. Si Dios quiere, la restauración puede llegar incluso a estas relaciones rotas, pero a menudo eso no sucede hasta que se toman medidas drásticas para dar lugar a dicho cambio.

Como dice Ellen Dykas, que trabaja para Harvest USA:

Dios nos llama a amar a nuestro cónyuge desinteresadamente. Esto significa que la Biblia nunca bendice la expresión, o actividad, sexual no consensuada, ni lastimar, avergonzar, manipular o negar como una manera de castigo (correspondencia personal).

Si algo no refleja la forma en que Cristo ama a su Iglesia, no debería ser parte de un matrimonio. Hay una gran diferencia entre desear sexo —y buscar a nuestro cónyuge para satisfacer ese deseo—, y desear a nuestro *cónyuge* donde la intimidad sexual es solo como una expresión de eso. Te garantizo que tu cónyuge verá la diferencia.

Hermano y hermana, necesitamos preguntarnos: ¿estamos (y cómo estamos) viendo el sexo a través de la lente distorsionada de la cultura y nuestros propios deseos pecaminosos al elevar al sexo como el principal foco de interés en nuestro matrimonio? Aquí hay una forma de ayudarte a responder: si un amigo cercano te pregunta cómo va tu matrimonio, ¿tu respuesta se basaría en cuantificar internamente cuánto sexo has tenido recientemente, qué tan bueno es y con cuánta frecuencia estás saciando tus deseos?

Una perspectiva bíblica y saludable del sexo no eleva al sexo por encima de otros aspectos del matrimonio, sino que lo ve como un indicador que mide la temperatura del matrimonio y resalta cualquier problema subyacente que pueda estar afectando la intimidad y la confianza. Un cristiano que realmente quiere agradar al Señor y amar a su cónyuge buscará la salud en todo el matrimonio, y no solo por el hecho de tener más sexo. Esto incluye *cómo* entablamos relaciones sexuales con nuestro cónyuge. Ten cuidado de no tener una perspectiva "demasiado elevada" del sexo.

(*Sarah*) Por otro lado, también podemos tener una perspectiva demasiado baja del sexo. A veces es solo porque uno de los cónyuges tiene mucho menos deseo sexual, lo que puede deberse a diferentes razones (hormonales, físicas, mentales o emocionales). Para algunas personas, la falta de necesidad o deseo a menudo se intensifica en las épocas de maternidad; tener hijos en, sobre o necesitando algo de nosotras casi las 24 horas del día afecta el deseo sexual. Entre el agotamiento, los compromisos, el estrés, las tareas del hogar y un sentido constante de "darnos de nosotras mismas" a nuestros hijos, en el trabajo o, sí, al servir a la familia de nuestra iglesia, el sexo a veces puede parecer otra área de sacrificio en nuestro ya agotado estado físico, emocional y mental.

Además, muchas personas contraen matrimonio con un pasado sexual que sigue afectando el presente. Nuestra perspectiva de la sexualidad a menudo ha sido moldeada por nuestra experiencia mucho antes de casarnos, y esos efectos inevitablemente se filtrarán en nuestra relación si no se tratan.

Cuando tenemos menos deseo físico y enfrentamos circunstancias que a menudo apagan nuestro deseo, puede ser tentador devaluar (o incluso detestar) la intimidad sexual en nuestro matrimonio. Cuando hacemos esto, no solo nos estamos privando (y privamos a nuestro cónyuge) del sexo, sino que también nos privamos de todo el espectro y la profundidad de la intimidad que Dios ha diseñado que experimentemos y disfrutemos en nuestro matrimonio.

Sin embargo, es importante que nos demos cuenta de que esta profunda intimidad será diferente en cada matrimonio. No existe una "norma de oro" a la que aspirar, ya sea en la frecuencia o la calidad del sexo (como nuestra cultura definiría tal calidad). Es liberador darse cuenta de que, desde el punto de vista bíblico, el sexo es parte de un conjunto superior —la expresión del amor, el compromiso y la vulnerabilidad—, que a menudo surge más en momentos cuando el sexo no es tan "bueno" que cuando es fácil. De hecho, es posible tener un matrimonio fuerte y feliz sin la definición mundial de buen sexo, y es posible tener un buen sexo (en el estricto sentido de la palabra) en un matrimonio tóxico. El primero puede satisfacer y santificar; el segundo no puede hacer ninguna de las dos cosas.

En esencia, el sexo o la intimidad sexual no deben ser la base o el propósito final del matrimonio, sino un aspecto muy valioso de un matrimonio basado en la confianza, el sacrificio, la humildad, la amistad, el amor y el aprecio mutuo. ¿Un esposo y una esposa siempre harán las cosas bien? No. ¿Puede haber temporadas cuando necesitemos orar para buscar sabiduría, sanidad y crecimiento? Es probable. ¿Existen circunstancias ocasionales que hacen imposible el acto sexual físico? Sí, pero cuando valoramos nuestro matrimonio como Dios lo hace y buscamos *conocer* en todo a nuestro cónyuge, habrá una mayor riqueza, profundidad y placer en nuestro matrimonio, dentro y fuera del dormitorio.

Y así, dadas las fluctuaciones que todos enfrentaremos en esta área, las parejas deben mantener abiertas las líneas de comunicación. En un área donde se supone que debemos estar más cerca, a veces estamos más lejos el uno del otro, y la única forma de salvar esa división es estar dispuesto a hablar de este tema difícil. Si tenemos dificultades, pero aun así hablamos sobre el tema, entonces nos estamos moviendo en una buena dirección. Sin embargo, si nos cerramos, no nos comunicamos ni expresamos cómo nos sentimos y no estamos dispuestos a escuchar la perspectiva del otro, nos costará avanzar, o peor aún, nos alejaremos.

Como pecadores en proceso de santificación, esto siempre será un baile. A veces, uno de los cónyuges se esforzará más en ciertas áreas, a veces nos pisaremos los pies, a veces nos frustraremos con la falta de esfuerzo y deseo de nuestro cónyuge, y otras veces querremos salir de la pista de baile por completo. Sin embargo, en su gracia, Dios puede usar estas frustraciones para llevarnos tanto a la dependencia de Cristo como a un amor más profundo por nuestro esposo o esposa. Cuando dependamos de Él, poco a poco producirá en nosotros el deseo humilde, sacrificado, paciente y amoroso de bailar con nuestro cónyuge de la manera como Dios nos creó: para nuestro gozo y para reflejar su gloria. ¡Y qué hermoso es este baile!

REFLEXIÓN

1. ¿Consideras que el sexo es un aspecto aparte de tu matrimonio o un aspecto de la intimidad dentro de él? ¿Tiendes a tener una perspectiva demasiado alta o demasiado baja de la intimidad sexual?

2. ¿De qué manera tus motivos para la intimidad sexual provienen de un corazón de amor desinteresado? ¿De qué manera actúas con el deseo de obtener lo que te hace sentir bien, independientemente de cómo se sienta tu cónyuge?

3. ¿Qué parte de este capítulo te resultó más útil, ya sea para alentarte o retarte? ¿Hay cambios prácticos que debas hacer o conversar con tu cónyuge?

———————————————————

———————————————————

———————————————————

———————————————————

———————————————————

———————————————————

4. (Juntos, si es posible) Hablen sobre su intimidad sexual y su intimidad en el sentido más amplio. Pregúntense uno al otro: "¿Cómo puedo mostrarte amor en nuestra vida sexual? ¿Me estoy equivocando de alguna manera?". Escuchen la respuesta del otro sin interrupciones ni gestos. Si no se ponen de acuerdo, entonces comprométete a orar por esta área de tu matrimonio de manera regular para presentar tus expectativas y deseos a Cristo y pedirle que te ayude a amar a tu cónyuge con su amor.

———————————————————

———————————————————

———————————————————

———————————————————

———————————————————

ORACIÓN

Señor, quiero mostrar un amor desinteresado y abnegado, pero a veces no sé por dónde empezar o cómo hacerlo. Te ruego que me des una perspectiva justa de lo que es la intimidad sexual bíblica y cómo podemos crecer en esta área de nuestro matrimonio. Ablanda mi corazón para poner mis necesidades y deseos en segundo lugar y buscar la forma de aumentar la intimidad en todas las áreas de nuestro matrimonio. Por tu gracia, dame motivos puros para servir y amar bien a mi cónyuge y no dar demasiada o poca importancia al área de la intimidad sexual. Restaura y haz crecer esta parte de nuestro matrimonio para reflejar tu amor y trae una mayor unidad entre mi cónyuge y yo. Amén.

Para reflexión adicional, lee Salmos 107:9; Cantar de los Cantares 5:16; Romanos 12:10.

CAPÍTULO 17

El sufrimiento y la intimidad (Parte 2)

Si comienzas a ver a tu cónyuge como Dios lo/a ve, si cultivas el amor que Dios ya tiene por la persona con la que estás casa-do/a, tu relación nunca volverá a ser la misma.

Gary Thomas, *A Lifelong Love*, p. 33.

Las palabras de Gary Thomas, que han penetrado en nuestros corazones, no solo han cambiado nuestro matrimonio, sino que nos han ayudado a resistir y enfrentar ataques casi constantes contra nuestra búsqueda de la intimidad. No ha sido fácil y todavía estamos aprendiendo este baile, pero Dios ha usado las dificultades que enfrentamos para centrarnos en el evangelio y cambiar gradualmente nuestro corazón uno hacia el otro.

Hay muchas capas de dificultades en la búsqueda de la intimidad, y este es un capítulo más práctico (aunque, por supuesto, difícilmente exhaustivo), donde aplicamos la sabiduría que Dios nos ha dado a las situaciones que enfrentamos en el matrimonio. Hemos dividido las dificultades que enfrentamos en lo que respecta al sexo en tres categorías de problemas: del corazón, física y emocional.

PROBLEMAS DEL CORAZÓN

EGOÍSMO

(*Ambos*) Todos los problemas del corazón provienen de elevarnos por encima del otro (incluido Dios). La mayoría de las batallas que enfrentamos con respecto a nuestra intimidad sexual giran en torno al tema del egoísmo.

Por ejemplo, podríamos pensar: "No ha estado ayudando en la casa, y ahora estoy exhausta porque tuve que encargarme de todo, así que es mejor que no espere nada de mí esta noche", o "Hace mucho tiempo que no tenemos relaciones sexuales, así que no puede culparme por mirar pornografía". El egoísmo a menudo conduce a una perspectiva del sexo demasiado alta o demasiado baja.

Las actitudes egoístas son una forma segura de matar la intimidad en nuestro matrimonio. ¿Por qué? Porque la intimidad se cultiva a través de un amor humilde y abnegado que dice: "Te deseo a ti, no por lo que puedas darme o hacer por mí. Encuentro gozo en servirte, amarte y respetarte de una manera que refleja el amor de Cristo. Quiero conocerte más profundamente como mi amigo/a, mi compañero/a de equipo y mi amor". Considera nuestra relación con Dios. Él no nos pide simplemente que vayamos a Él; nos llama con un amor que brota de su propio sacrificio: "Con amor eterno te he amado; por tanto, te prolongué mi misericordia" (Jeremías 31:3). Jesús nos atrae a sus brazos seguros, amorosos y gratificantes, no porque lo merezcamos, sino porque nos amó de tal manera que dio su propia vida por nuestra libertad y nuestro gozo en Él. Ese es el tipo de amor que conduce a la intimidad y resiste la tentación de abusar del sexo.

ENOJO/AMARGURA

Airaos, pero no pequéis; no se ponga el sol sobre vuestro enojo (Efesios 4:26).

(Jeff) Para los hombres, nuestra frustración o enojo hacia nuestra esposa generalmente se origina por no sentirnos respetados o porque nuestras necesidades o deseos no están siendo satisfechos. Si bien el deseo de tener intimidad física con nuestro cónyuge es un regalo de Dios, a veces buscamos el acto sexual en lugar de la intimidad como algo integral (una perspectiva demasiado elevada del sexo). Sin embargo, hermano, hay más placer en *conocer* a tu esposa que simplemente en *tenerla*. Debes perseguir su corazón antes de perseguir su cuerpo.

Sin embargo, esto no significa que no debamos ser sinceros con nuestra esposa. Es posible que necesites encontrar una manera de hablar delicadamente con ella sobre cómo te sientes en lugar de reprimir todo y dejar que se convierta en ira. Si no hay intimidad física, entonces hay un problema y puedes ser sincero con tu esposa acerca de lo que te frustra y te desilusiona en lugar de pensar que no deberías sentir nada de eso.

(Sarah) Por lo general, los hombres tienen la capacidad de segmentar sus sentimientos, pero las mujeres a menudo no pueden. Si una mujer se siente herida o despreciada, entonces el enojo y la amargura le impedirán abrirse con su esposo. Hermana, aunque es más fácil tratar de ignorar estos sentimientos, o incluso "ceder" a los deseos de tu esposo para evitar conflictos, la verdadera intimidad solo se logra a través de una humilde sinceridad y comunicación. Al examinar y reconocer en oración la fuente de ira y amargura, quizás veas que proviene de expectativas poco realistas y orgullo que debes confesar al Señor. Al mismo tiempo, debes ser sincera con tu esposo sobre lo que te ha estado molestando tanto para que tu ira se convierta en amargura. (Y si te sientes insegura o aprensiva, debes hablarlo también: ya sea con tu esposo o con una persona en quien confíes y que esté calificada para ayudarte).

PRIORIDADES

(Ambos) Si falta intimidad (en cualquier área), puede ser simplemente porque no es una prioridad (una perspectiva demasiado baja del sexo). Tal vez debamos preguntarnos si estamos dando tanto de nosotros mismos a otras áreas, que estamos descuidando a nuestro cónyuge. Hay temporadas cuando se nos exigirá más (como intentar que un bebé duerma más de dos horas seguidas o una temporada intensa de viajes por trabajo), pero, si esto se convierte en la norma cuando estas temporadas terminen, es posible que debamos reevaluar nuestras prioridades.

EXPECTATIVAS

(Ambos) Las expectativas son enemigas de la intimidad. Si esperamos algo, buscaremos lo que podemos obtener en lugar de lo que podemos dar. Si estás luchando en esta área, es bueno que te preguntes si estás decepcionado y frustrado con tu cónyuge, porque esperas algo de él o

ella que no sabe o no puede dar. Las expectativas pueden, sin que nos demos cuenta, convertirse en demandas, y eso es destructivo para el matrimonio en su conjunto.

PROBLEMAS FÍSICOS

ENFERMEDADES CRÓNICAS O MENTALES

(Sarah) Esta es un área problemática para muchas parejas, pero también es una de esas áreas grises de las que no se habla mucho, y una con la que hemos luchado en nuestro propio matrimonio. Debido a que mi enfermedad a menudo me causa dolor, malestar estomacal, depresión y ansiedad, a veces resulta imposible pensar en otra cosa. He luchado tanto con la culpa por no sentirme bien como con la irritación de tener que superar el dolor por el bien de mi matrimonio. Durante los últimos dos años, en su bondad, el Señor ha usado esta dolorosa lucha para llevarnos a ambos a buscar a Cristo a fin de recibir sanidad, sabiduría y recursos. Nos ha enseñado a comunicarnos con más sinceridad, a desenvolvernos con lo que nos funciona mejor en nuestras circunstancias y a confiar que Él nos dará la fortaleza para amarnos bien.

A veces, existe un problema médico que inhibe el rendimiento o la capacidad. Si bien ciertos problemas médicos pueden ser irreversibles, hay algunos en particular por los que simplemente debemos estar dispuestos a dejar de lado nuestro orgullo y buscar ayuda médica, tal como lo haríamos con una pierna rota. Aunque no siempre hay una solución o una respuesta fácil, es prudente usar lo que Dios nos ha dado (como médicos y medicinas) para mejorar nuestra situación si es posible.

Si en este momento estás pasando por una temporada de dolor o enfermedad que les impide a ti y a tu cónyuge tener intimidad física, será importante buscar otras formas significativas de demostrar que estás pensando en tu cónyuge y que tienes el deseo de tener intimidad física con él o ella, a pesar de que tu estado actual te lo impide. Dar a conocer tu deseo sincero puede ayudar a prevenir la falsa suposición de que la intimidad física no es importante para ti. En lugar de aislarte por la culpa, la vergüenza o la frustración, habla con sinceridad con tu cónyuge acerca de la lucha y eso evitará que se construyan muros sobre suposiciones falsas.

Esta lucha puede ser increíblemente tensa para un matrimonio. Sin embargo, en lo personal, lo que me ha atraído más a Jeff y ha hecho crecer mi amor y respeto por él ha sido la forma en que me ha comunicado que no me abandonará y que su amor por mí no cambiará, aunque nuestra intimidad sexual no sea exactamente como él desearía que sea. A veces, Dios puede llamar a un esposo o esposa a un mayor nivel de sacrificio debido a la enfermedad de su cónyuge; en ese momento, es crucial combatir una perspectiva demasiado alta del sexo y recordar que podemos ser bendecidos cuando damos nuestra propia "vida" para un amigo, tal como lo hizo nuestro Señor (Juan 15:13; 13:14).

COITO DOLOROSO

(Ambos) Este es otro problema que muchas parejas enfrentan, pero del que a menudo no se habla por timidez o vergüenza. A veces, por razones médicas, una mujer experimenta un dolor insoportable en el sexo. Esto a menudo produce culpa en su marido, que siente placer a costa del dolor de su esposa. Mientras tanto, la esposa puede vacilar entre la culpa por la decepción que causa su dolor y la frustración por entregarse de una manera dolorosa que dista mucho de ser placentera. Nuevamente, no hay respuestas fáciles para este problema. La Biblia no exige que nos entreguemos de una manera que cause dolor, pero amor en este contexto tampoco sería no tener relaciones sexuales e ignorar el problema. Las parejas deben buscar orientación médica junto con sabios consejos piadosos. Algunos de los consejos más útiles que hemos recibido es que el coito no es el único medio de intimidad sexual y es posible que debamos pensar de manera más creativa en cómo tener intimidad física. Si Dios ha permitido una dificultad en nuestras vidas, promete darnos lo que necesitamos para atravesarla: "Acerquémonos, pues, confiadamente al trono de la gracia, para alcanzar misericordia y hallar gracia para el oportuno socorro" (Hebreos 4:16).

PROBLEMAS EMOCIONALES

UN ABUSO EN EL PASADO

(Sarah) Durante muchos años en nuestro matrimonio, tenía una reacción involuntaria de temblor cada vez que mi esposo me tocaba. No

importa cuánto trataba de cambiar, mi cuerpo reaccionaba con un sentido de autoprotección profundamente arraigado como resultado de un abuso en el pasado. Solo estaba más confundida, herida y aterrorizada al saber lo que dice la Palabra de Dios sobre cómo debería usar mi cuerpo para servir y complacer a mi esposo, como él usó el suyo para servirme. No pude evitar considerar esos pasajes de las Escrituras a través de la perspectiva distorsionada de mi experiencia, lo que me llevó a devaluar aún más el sexo. Superar esto ha requerido años de consejos, tanto de manera individual como junto a Jeff, y años de oración para que Dios hiciera una obra profunda de sanidad. Estoy muy agradecida porque este profundo dolor de mi pasado no destruyó nuestro matrimonio como podría haberlo hecho, y porque Dios ha usado este quebranto para acercarnos más a Cristo y uno al otro. Ha sido más difícil de lo que jamás hubiera imaginado, pero no ha sido en vano.

Si puedes identificarte con los efectos del abuso o acoso del pasado, lo siento mucho. Por doloroso que sea, espero que puedas hablar con tu cónyuge y con tu Dios al respecto. Aunque parezca imposible, quiero animarte a que veas que hay una gran esperanza para aquellos que buscan la ayuda de Dios y confían que Él obrará en sus vidas. También te animo a que dediques tiempo a usar el lenguaje del lamento, que nos ofrecen el libro de Job y los Salmos, para llevar todo tu dolor y heridas del pasado a Cristo. Debes saber que Dios se aflige por ti y debes confiar en que Él puede darte consuelo y sanidad. Tal vez no sea rápido y no será fácil, pero hay esperanza de sanidad y restauración. A través de consejos sabios y piadosos, tiempo y paciencia, y la ayuda del Espíritu Santo, tu matrimonio puede crecer y llegar a experimentar la bendición de una intimidad segura, saludable y llena de confianza. Tu Salvador nunca degrada, abusa ni avergüenza. Y puede ayudar.

CUANDO NO TE SIENTES AMADO O RESPETADO

(Ambos) Ya hemos hablado de esto, pero vale la pena repetirlo porque es muy fácil equivocarse sin siquiera darse cuenta. Esposo, si quieres que tu esposa desee tener intimidad contigo, ella necesita saber que tú la deseas en su totalidad, no solo por su cuerpo. Procura conocer sus deseos, miedos, cargas e intereses. Haz que se sienta amada por ser tu

esposa, no solo porque puedes obtener algo de ella. Esposa, recuerda que, aunque tal vez no hayas sido diseñada igual que tu esposo, aunque el mundo ha distorsionado la sexualidad y pueden haberte herido en el pasado, Dios ha creado a tu esposo para que se sienta honrado y respetado cuando lo deseas físicamente y le muestras tu amor de una manera que le exprese el deseo de conocer todo de él. Sin embargo, honrarlo y respetarlo comienza mucho antes del sexo; comienza en nuestra vida de pensamiento y se vive en nuestras acciones.

INFIDELIDAD

(Ambos) La infidelidad es cualquier forma de intimidad emocional o física con alguien que no sea nuestro cónyuge. Las semillas de la infidelidad se pueden plantar de manera sutil, ya sea al leer novelas o ver películas románticas, al confiar en un amigo o compañero de trabajo más que en nuestro cónyuge, o al encontrar placer físico aparte de nuestro esposo o esposa. Las semillas crecen si no las destruimos cuando aparecen por primera vez. Crecen más rápido en el terreno de la mentira de que "merecemos" intimidad en otra parte si no la encontramos en casa. La infidelidad nunca es inofensiva. Estamos deshonrando a Dios y a nuestro cónyuge, y estamos robando a ellos (y a nosotros mismos) las bendiciones que Dios da en la intimidad y la confianza que crece dentro del compromiso incondicional para toda la vida.

Puede que nuestra cultura lo acepte, pero una de las formas de infidelidad más prevalentes en la actualidad es el uso de la pornografía. Se alimenta de nuestro deseo de intimidad, pero lo ofrece de una manera que promete una recompensa inmediata sin costo alguno para nosotros. Sin embargo, el costo es desastroso para nuestro matrimonio y nuestras propias almas. Intercambia la intimidad real por un placer barato, vacío y egoísta.

El desafío de recoger los pedazos rotos después de la infidelidad es largo y difícil. Aunque haya arrepentimiento y voluntad de ambas partes de embarcarse en el largo camino de la sanidad y la restauración (que solo puede venir a través de Cristo), la intimidad física solo será posible a través del compromiso de reconstruir poco a poco la confianza, lo que generalmente requiere de consejos piadosos y apoyo. Aunque Dios puede, y ha restaurado muchos matrimonios después de la infidelidad, no sucederá a menos que reconozcan el pecado, se arrepientan y se aparten de él.

Si has experimentado infidelidad en tu matrimonio, por la gracia de Dios, la sanidad es posible si ambos están dispuestos. No permitas que Satanás te diga que, incluso aunque haya arrepentimiento, nunca habrá un futuro para tu matrimonio. Dios es un Dios de redención y se deleita en llevarse la gloria a través de situaciones que aparentan ser imposibles. Aunque la restauración no está garantizada, no es imposible.

FALTA DE CONFIANZA

(Ambos) La intimidad fluye de la confianza. Si alguien no cree estar seguro (física o emocionalmente) con su esposo o esposa, no estará dispuesto a bajar la guardia, y la intimidad se verá afectada. Si tu cónyuge es introvertido y no está dispuesto a tener intimidad, pregúntale si hay algo que esté alimentando la falta de confianza. Puede ser solo un malentendido, pero a menudo revela problemas más profundos que deben abordarse. Si la confianza se ha roto, no se restaurará de la noche a la mañana, especialmente cuando las heridas son profundas. Tomará tiempo reconstruirla, pero Dios es fiel con quienes esperan en Él.

Hermano, hermana, la mayoría de nosotros nos identificaremos con uno o más de estos problemas y veremos cómo afectan nuestra búsqueda de intimidad en nuestro matrimonio. Sin embargo, aquí están las buenas noticias: ninguno de estos problemas está más allá de la capacidad de Dios de traer un cambio y una renovación. No necesitas entenderlo todo. Necesitas reconocer el problema y estar dispuesto a pedir fortaleza y sabiduría divina para seguir adelante. Puedes avanzar gradualmente hacia una mayor intimidad con tu cónyuge a medida que atraviesas estas pruebas con la gracia y la sabiduría que solo Cristo puede darte. Anímate: ningún matrimonio está tan perdido para recibir la ayuda de Dios, y ninguna intimidad está tan resquebrajada que no se pueda restaurar. Después de todo, Él es el Dios que "da vida a los muertos, y llama las cosas que no son, como si fuesen" (Romanos 4:17).

REFLEXIÓN

1. ¿Cuál (o cuáles) de estos problemas has enfrentado (o estás enfrentando) en tu matrimonio?

____

____

____

____

____

____

2. Si estás lidiando con un problema que afecta la intimidad sexual en tu matrimonio, ¿crees que Dios puede traer sanidad a esa área y, si no lo hace, que aún puede ofrecerte una manera de disfrutar la intimidad de una manera creativa?

____

____

____

____

____

____

3. (Juntos, si es posible) Con sensibilidad, traten de ser sinceros uno con el otro sobre los problemas que enfrentan y hablen de sus deseos, miedos, preocupaciones y decepciones. Si no están en condiciones de hacer esto, escríbanlos de manera individual y utilícenlos para orar sobre eso al Señor. Si tu cónyuge está dispuesto, analicen uno o dos pasos prácticos que pueden tomar para crecer en esta área y aprovechar al máximo las dificultades que enfrentan.

ORACIÓN

Señor, deseo tener intimidad sexual en mi matrimonio (o quiero desearlo), pero tenemos muchas cosas en contra. Ayúdanos a enfrentar los problemas que nos afectan y a estar dispuestos a ser sinceros sobre nuestras luchas. Me resulta fácil concentrarme en cómo me gustaría que fueran las cosas; te ruego que me enseñes a caminar fielmente junto a mi cónyuge en medio de las tormentas que enfrentamos. Ayúdanos a amarnos bien el uno al otro en esta área y a buscar la intimidad de la manera que podamos. Guárdanos de los intentos del enemigo de dividirnos y danos la fortaleza, la sabiduría y la voluntad de crecer en todas las áreas de la intimidad, aunque sea diferente de lo que imaginamos. Y sin importar cómo vayan las cosas a partir de ahora, ayúdame a ser fiel en mi matrimonio, a tener una esperanza de cambio y a comprometerme a mostrar el mismo amor desinteresado que has tenido por mí. Amén.

Para reflexión adicional, lee Salmos 103:1-5; 1 Corintios 13:4-8; Filipenses 2:3-10; 4:11-12, 19.

CAPÍTULO 18

El anhelo de tener hijos, la lucha con los hijos: Cuando la familia no es lo que soñabas

Entre tanto que este hablaba, vino otro que dijo: Tus hijos y tus hijas estaban comiendo y bebiendo vino en casa de su hermano el primogénito; y un gran viento vino del lado del desierto y azotó las cuatro esquinas de la casa, la cual cayó sobre los jóvenes, y murieron; y solamente escapé yo para darte la noticia.

Job 1:18-19

Mi querida amiga estaba sentada frente a mí a la mesa de la cocina. A pesar de que el sol iluminaba la habitación, una pesadez se había apoderado de nosotras. Solo ocho meses antes, habíamos compartido la emoción de descubrir que las dos estábamos embarazadas y nuestras fechas de parto estaban a solo unos días de diferencia.

Luego, semanas después, cayó una sombra. Mi amiga y su esposo recibieron el informe de que su precioso hijo probablemente solo viviría unos pocos días, si acaso vivía. Luché con la culpa por la injusticia de que un niño sano creciera dentro de mí mientras ella se preparaba para la pérdida del suyo. Sin embargo, al mismo tiempo, el dolor de su pérdida hacía eco dentro de mí, porque ya había visto año tras año cómo mis esperanzas y expectativas de ser madre se desvanecían lentamente con el dolor de las necesidades especiales y enfermedades crónicas de mis hijos.

Ahora aquí estábamos, después de meses de aflicción, confianza, crecimiento y oración por la intervención de Dios en cada una de nuestras circunstancias, hablando de la probabilidad de lo que nos esperaba si no sucedía un milagro. Ambas estábamos luchando con el dolor profundo de sentir que nuestros sueños de ser madre se estuvieran esfumando, y que mi amiga de repente estaba siendo despojada de sus esperanzas para el futuro y su alegría de ver crecer a su hijo.

"¿Dónde está Dios? —nos preguntábamos—. Si es bueno, ¿por qué está permitiendo tanto dolor cuando estamos tratando de obedecerlo? ¿Por qué no sana a nuestros hijos cuando sabemos que puede hacerlo? ¿Cómo podemos seguir adelante con nuestra vida cuando estas pérdidas dejan tantos agujeros en nuestro corazón? ¿Cómo transitamos por este camino con cónyuges que están manejando su estrés y su dolor de manera diferente a nosotras?".

Estos cuestionamientos de la fe (y emociones de una intensidad que nunca pensamos que llegaríamos a sentir) a menudo surgen cuando te enfrentas al dolor por los hijos: si se trata de un hijo deseado que no pudiste tener, un hijo que tuviste y perdiste, o un hijo cuyos problemas te han despojado de tus sueños de tener más hijos. No pretendemos comprender cada tipo de dolor y sufrimiento que experimentan las parejas en esta área de la vida. El tuyo puede ser mucho más profundo que el nuestro. Sin embargo, sí conocemos el dolor de la pérdida en la vida con hijos que alguna vez imaginamos, el miedo al futuro, y el peso de ser absolutamente incapaces de lograr lo que más queremos. Personalmente, hemos encontrado consuelo en verdades específicas en medio de nuestras luchas. Entonces, aunque no conocemos todas las complejidades del camino en particular que has recorrido, oramos para que el Dios que conoce todas las cosas consuele tu corazón a medida que sigues leyendo.

TENEMOS PERMISO PARA LLORAR

Las relaciones pueden ser uno de los regalos más dulces que experimentamos en esta tierra. Sin embargo, los regalos más dulces también causan el mayor dolor cuando se pierden o se truncan. Los hijos son un regalo precioso del Señor (Salmos 127:3) y una fuente increíble de gozo;

pero cualquiera que haya perdido a un hijo, haya sufrido de infertilidad o haya visto a su hijo sufrir o causar sufrimiento conoce un dolor que penetra hasta lo más profundo y puede abrumarnos.

Job lo experimentó. Cada uno de sus hijos desapareció de un momento al otro. ¿Puedes imaginar por un instante la magnitud de semejante pérdida? Algunos de ustedes, trágicamente, pueden identificarse demasiado bien con esto. No encontramos respuesta de Job después de cualquiera de las catástrofes anteriores, pero ante el informe de perder a sus hijos, responde de inmediato con dolor y congoja (Job 1:20). Es difícil comprender la agonía que debe de haber soportado, a menos que hayas vivido una pérdida similar.

Estoy muy agradecida de que la Biblia no eluda las realidades profundamente dolorosas de vivir en un mundo caído; más bien, las aborda sin rodeos. El libro de Job no solo nos muestra las muchas capas de sufrimiento, sino que a lo largo de todo el libro vemos que no hay respuestas fáciles, y debemos tener cuidado con las soluciones superficiales para el dolor profundo. A veces, nunca llegará una solución al problema en esta vida. Sin duda, alguien podría decir: "Bueno, a fin de cuentas se resolvieron los problemas de Job; al final, Dios lo bendijo con más prosperidad que antes, ¡incluidos diez hijos más!" (Job 42:13). Sin embargo, aunque me imagino que Job debe de haber hallado gozo en esos hijos, los diez que perdió ya no estaban. Algunas cosas nunca podrán reemplazarse en esta vida.

La Palabra de Dios nos muestra que no se espera que pasemos del dolor al gozo o dejemos atrás la pérdida y sintamos gratitud instantáneamente, o nunca. Por eso, gran parte de Job (junto con los Salmos y Lamentaciones) está lleno de lamentos, que nos muestran el "clamor sincero de un corazón dolido que lucha con la paradoja del dolor y la promesa de la bondad de Dios" (Mark Vroegop, *Nubes oscuras, misericordia profunda,* p. 25). Un consejero cristiano me enseñó una ilustración que resulta útil en este contexto: lidiar con la pérdida como cristiano es como viajar en una espiral ascendente. Vamos subiendo lentamente y superando poco a poco el dolor inicial y la consternación de la pérdida, solo para deslizarnos hacia abajo una vez más. Para los padres que han perdido un hijo, el dolor puede seguir golpeándolos años después, a veces cuando menos esperan que surja. Para los que están luchando con años de infertilidad, existe un tinte de envidia o una oleada de ira cuando un amigo anuncia que va a tener otro hijo mientras ellos mismos enfrentan la decepción mes tras mes. Para otros, pueden ser los constantes recordatorios de lo que han perdido mientras enfrentan el cansancio, el estrés y los problemas continuos de criar a un niño con necesidades especiales.

Con el tiempo, es muy fácil desanimarse y frustrarse cada vez que retrocedemos; pero, en realidad, si el Espíritu Santo vive en nosotros, es probable que hayamos crecido de manera que es difícil de discernir cuando el dolor nos ha dado un nuevo golpe al corazón.

Cuando se trata del dolor por los hijos, aprendemos a vivir con él y, debido a que tenemos a Cristo, podemos aprender a tener gozo a pesar de él, pero es posible que nunca lo "superemos", y eso está bien. Como he escuchado a muchos describirlo, las pérdidas que experimentamos con respecto a nuestros hijos pueden asemejarse a perder una extremidad. Parte de ti se ha ido, para nunca ser restituido por completo en esta tierra. Con el tiempo, aprendes a vivir en esa realidad, aprendes a funcionar con un miembro menos e, incluso, vuelves a experimentar alegría. Sin embargo, siempre serás consciente de la pérdida y de cómo te ha cambiado.

JESÚS LLORA CON NOSOTROS

Rara vez se describe en el Nuevo Testamento cómo se sentía Jesús, por lo que debería llamarnos la atención cuando lo expresa. En particular, muchos de los pasajes que hablan de las emociones de Cristo destacan su respuesta a las necesidades, el sufrimiento o el dolor de los demás. En tres ocasiones distintas, cuando Jesús vio a las multitudes, "tuvo compasión de ellas"; la palabra griega que se usa aquí, *splanjnízomai*, se traduce literalmente como "se le revolvieron las tripas" (Mateo 9:36; 14:14; y 15:32). De manera similar, la Biblia registra que Jesús tuvo compasión de los dos ciegos en Mateo 20:34 y del leproso en Marcos 1:41; y, nuevamente, el Señor tuvo compasión de la viuda de Naín cuyo hijo acababa de morir, en Lucas 7:13.

No sé tú, pero a mí me reconforta saber que Jesús, el Dios de todo consuelo, conoce el tipo de dolor que hace que se te revuelvan las tripas, ese dolor que es tan profundo que lo sientes en el centro de tu ser. Jesús sintió esa lástima y compasión desgarradoras no solo por aquellos que estaban perdidos y necesitaban un Salvador, sino en respuesta al dolor y sufrimiento de aquellos a quienes amaba. Aunque era completamente Dios, su humanidad significaba que sentía lo profundo de la emoción humana. El relato de Lázaro nos muestra esta paradoja; a pesar de que Jesús sabía que Lázaro resucitaría, aún así estaba tan conmovido y preocupado por el dolor de María, que lloró (Juan 11:33-35).

Esto marca la diferencia. Jesús no solo se preocupa por nuestro dolor, sino que llora con nosotros. Como escribe Joni Eareckson Tada: "A veces Dios permite lo que odia para conseguir lo que ama" (*Cuando Dios llora*, p. 84). Su perfecto amor a veces permite lo que odia para lograr sus buenos propósitos en nuestras vidas, a fin de recibir la gloria y que nosotros tengamos gozo eterno en su presencia.

Jesús no espera solo que "nos sobrepongamos a nuestro dolor y confiemos en Él". Él quiere que nuestro dolor y nuestra pérdida nos atraigan a Él mientras reconocemos y lloramos nuestra pérdida confiando en que su gracia nos ayudará a sobreponernos a cada momento. Mientras hacemos esto, poco a poco nos lleva a un lugar donde llegamos a conocer el dolor y la alegría simultáneamente. Romanos 5:2-5 nos muestra esta obra del Espíritu:

> *por quien también tenemos entrada por la fe a esta gracia en la cual estamos firmes, y nos gloriamos en la esperanza de la gloria de Dios. Y no solo esto, sino que también nos gloriamos en las tribulaciones, sabiendo que la tribulación produce paciencia; y la paciencia, prueba; y la prueba, esperanza; y la esperanza no avergüenza; porque el amor de Dios ha sido derramado en nuestros corazones por el Espíritu Santo que nos fue dado.*

En este día, tal vez te sientas muy lejos de poder ver o saber algo más allá del aplastante peso del dolor. Jesús te ve y llora contigo; pero no dejes de hablar con Él, sigue abriéndole tu corazón y recuerda que Él conoce el dolor que sientes y que estará contigo

Mientras busquemos a diario el consuelo de Cristo que nos ayude a llevar nuestro dolor y nos fortalezca, la perseverancia fiel en la

De alguna manera, el
fruto del gozo puede
brotar en la inesperada
e indeseable tierra del
sufrimiento.

fortaleza del Espíritu nos conforma gradualmente a la imagen de Cristo. Cuando vemos destellos de la obra del Espíritu Santo dentro de nosotros, incluso en medio de un dolor continuo, la esperanza comienza a crecer y, de alguna manera, el fruto del gozo puede brotar en la inesperada e indeseable tierra del sufrimiento.

LA PÉRDIDA NO TIENE QUE DIVIDIR TU MATRIMONIO

Los niños hacen más difícil el matrimonio. Sin embargo, las esperanzas frustradas y los sueños truncados cuando se trata de los hijos ponen al matrimonio bajo una presión real y pueden separar a los cónyuges. No obstante, también se da el caso de que los momentos más difíciles en el matrimonio —y los momentos difíciles que involucran a los niños a menudo son los más difíciles— son los momentos cuando como pareja podemos unirnos y aprender a amarnos más y a confiar más el uno en el otro. Es importante darse cuenta de esto y decidir en oración que la presión los acerque más en lugar de separarlos.

Necesitamos estar dispuestos a luchar en medio de lo que es difícil y avanzar juntos por el camino inexplorado de un terreno no elegido. Y, como mencionamos en el capítulo 3, debemos recordar que el dolor de la pérdida a menudo provoca respuestas muy diferentes en cada uno de nosotros. En un sentido similar a nuestra propia "pérdida de una extremidad", debemos recordar que nuestro cónyuge también ha cambiado. Es posible que nunca sean exactamente la misma persona que eran antes que se instalara el dolor. Por tanto, debemos ser pacientes y amables unos con otros, reconociendo que cada uno de nosotros necesita tiempo (en diferentes niveles y diferentes etapas de procesamiento de las capas de pérdida) para aprender a vivir en nuestra nueva realidad. Necesitamos seguir conversando, hablar de nuestras luchas, dialogar sobre las preguntas espirituales que nos estamos cuestionando actualmente y, lo más importante, orar juntos (si nuestro cónyuge está dispuesto). Hay algo increíblemente unificador cuando nos unimos en nuestra debilidad, lloramos e invocamos juntos la fortaleza y el consuelo del Señor. No significa que ya no nos desquitaremos el uno con el otro de vez en cuando o que no nos malinterpretaremos ni nos impacientaremos de vez en cuando, pero nos evitará aislarnos y resentirnos por nuestras diferencias a lo largo del camino.

EN LA MESA DE LA COCINA

Al final, ¿qué era lo que más necesitábamos mi amiga y yo mientras estábamos sentadas en mi cocina y durante los duros meses y años que siguieron, a medida que nuestras diferentes luchas continuaban? Necesitábamos llorar, como Dios nos anima a hacerlo. Necesitábamos permiso para tener tiempo y seguir el camino difícil, y Dios nos lo da. Necesitábamos saber que Jesús nos comprende y llora con nosotras, y las Escrituras nos muestran que lo hace. Y necesitábamos acercarnos a nuestros cónyuges y luchar juntos, y nos animamos una a la otra a hacer eso.

Aunque este no es el terreno que hubiéramos elegido, Dios puede tomar lo que podría habernos destruido y usarlo para producir poco a poco un nuevo crecimiento y una esperanza renovada en nuestros corazones y matrimonios, para su gloria y nuestro gozo eterno.

REFLEXIÓN

1. Si has experimentado la pérdida de un hijo, el anhelo no cumplido de tener un hijo, un hijo con necesidades especiales o un hijo descarriado, ¿cómo será para ti presentar tu dolor, tu sufrimiento y tus temores ante el Señor con sinceridad —tal vez por primera vez— y luego confiar en que Él llora contigo y te da el consuelo, la fortaleza y la gracia para superar cada momento?

____

____

____

____

____

____

2. ¿Cómo han afectado tu matrimonio las pérdidas o los desafíos con tus hijos? ¿Los ha acercado más o los ha separado? Si los ha separado, ¿por qué crees que es así? ¿Qué pequeños pasos puedes dar que te permita empezar a acercarte?

____

____

____

____

____

____

3. (Juntos, si es posible) Analicen cómo los desafíos con los niños (o el deseo o la pérdida que han experimentado) han fortalecido su matrimonio o los han separado. ¿Han podido manejar el dolor o han enfrentado el estrés de manera diferente? Conversen sobre la forma como les gustaría apoyarse mutuamente. Ver cómo esta lucha está afectando a cada uno de ustedes puede ayudarlos a ser más compasivos uno con el otro y a recordar que están del mismo lado, aunque estén respondiendo de manera diferente.

ORACIÓN

Señor Jesús, así no es como imaginaba que sería mi vida. La pérdida de cualquier cosa es dolorosa, pero sufrir la pérdida de una manera que toca a mis hijos (o los hijos que deseo) a veces siento que es más de lo que puedo soportar. Creo que eres bueno, pero muchas veces no siento que esto sea bueno. Creo que tienes el control, pero me cuesta entender por qué permites cosas que duelen tan profundamente. Creo que eres fiel, pero a veces es difícil ver tu fidelidad a través del dolor. Jesús, ayúdame a confiar en que amas a mi(s) hijo(s) incluso más que yo, y si no cumples mi deseo para ellos (o no nos das la capacidad de tener hijos), de alguna manera nos ayudarás y llenarás el vacío y los rincones heridos de nuestro corazón. Gracias porque lloras con nosotros. Gracias por ver, conocer y sentir mi dolor, mis desilusiones, mis miedos y anhelos, y por poder encontrarme allí. Dame la gracia y la fortaleza para caminar con fidelidad en las circunstancias que tú has permitido. Gracias porque un día tú restaurarás toda pérdida, culminarás todo lo que se truncó y cumplirás todo anhelo. Amén.

Para reflexión adicional, lee Génesis 22:1-19; Salmos 34:17-20; Juan 9:1-3; 2 Corintios 4:16-18; Apocalipsis 21:4.

CAPÍTULO 19

¿Por qué *nuestra* familia?

¿Por qué viven los impíos, y se envejecen, y aun crecen
en riquezas? Su descendencia se robustece a su vista, y
sus renuevos están delante de sus ojos. Sus casas están
a salvo de temor, ni viene azote de Dios sobre ellos.

Job 21:7-9

Mientras Sarah sostenía la mano de nuestro hijo de tres años, sus gritos atravesaban mi corazón mientras luchaba contra los intentos de la enfermera de insertar un catéter central percutáneo para su próximo tratamiento intravenoso. Sus ojos me pedían ayuda a gritos. Solo quería rescatarlo, que se detuvieran. "No sé si puedo soportar esto otra vez", pensé, cuando me di cuenta de que tendríamos que pasar por ese procedimiento tres veces más esa semana con nuestros otros hijos.

Nunca quise esto para mis hijos. De hecho, tenía temor de que mis hijos pasaran por esto. Todo lo que quería era que tuvieran una infancia normal y protegerlos de la dura realidad de vivir en este mundo caído tanto tiempo como pudiera. He luchado con cómo procesar mi deseo de proteger a mis hijos de las cosas que Dios ha decidido permitir. He luchado con el camino difícil que les ha tocado atravesar mientras muchos de sus amiguitos continúan viviendo una infancia sana y relativamente libre de dolor. ¿Qué escuchan nuestros hijos cuando les decimos que Dios los ama, cuando ese amor no les ha brindado una niñez sana y sin dolor? Ya es bastante difícil para nosotros enfrentar el sufrimiento como creyentes maduros, entonces, ¿cómo van ellos a soportar semejante sufrimiento a una edad tan temprana?

A veces, es tentador para mí mirar a otras familias (especialmente a aquellas que no siguen al Señor) cuyos hijos parecen tener perfecta salud y cuyas vidas parecen estar llenas de bienestar y tranquilidad, y preguntarme y preguntar a Dios: "¿Por qué nosotros enfrentamos todas estas dificultades, mientras que sus vidas parecen no sufrir ningún dolor?".

Job reconoció esta lucha interna y se preguntó por qué la vida de los demás (especialmente la de los impíos) parece estar libre de dificultades, con hijos que crecen sanos y hogares libres de temor: "Ni viene azote de Dios sobre ellos" (21:9). Aunque su perspectiva puede no haber sido del todo precisa, resume mi proceso de pensamiento.

Y sin embargo… por mucho que todavía luchemos con estos pensamientos de vez en cuando, Dios nos ha mostrado cada vez más que las pruebas de nuestros hijos no son una señal de su desagrado. De hecho, puede resultar que es su gracia la que está obrando en sus vidas.

EL FUEGO QUE REFINA

¿Qué pasa si las mismas cosas que tememos en la vida de nuestros hijos —que tratamos de controlar meticulosamente y alejarlas de sus vidas con determinación— resultan ser medios que Dios usará para abrir sus ojos a Él? ¿Qué pasa si Dios usa los días más difíciles (los que tratamos de evitar) para darles fe, desarrollar su carácter y ponerlos en un camino distinto (pero eternamente gratificante) al que hubiéramos elegido para ellos? Considera las palabras del salmista en Salmos 6:10-12:

Porque tú nos probaste, oh Dios;
Nos ensayaste como se afina la plata.
Nos metiste en la red;
Pusiste sobre nuestros lomos pesada carga.
Hiciste cabalgar hombres sobre nuestra cabeza;
Pasamos por el fuego y por el agua,
Y nos sacaste a abundancia.

Necesito preguntarme: "¿Qué es lo que más quiero, sinceramente, para cada uno de mis hijos? ¿Un matrimonio feliz, un buen trabajo, una vida larga, sin dolor y con salud, sus propios hijos, etc., o fe en Cristo y ninguna (o solo algunas) de esas cosas?". No solo es una pregunta difícil de responder, sino que es aún más difícil de vivir en nuestra paternidad. Si somos sinceros, naturalmente queremos proteger a nuestros hijos de cualquier dolor o lucha, por lo que podemos criarlos de una manera que demuestre que estamos más preocupados por su bienestar y felicidad temporales que por permitir que Dios tenga espacio para obrar en sus vidas como a Él le parece mejor.

Si estás atravesando una situación difícil con tu hijo, o sientes miedo por algo que podría amenazar su bienestar y felicidad, me gustaría animarte y mencionar algunas formas en que he visto a Dios usar el sufrimiento en la vida de nuestros hijos y nuestra familia. Él ha obrado en nosotros de una manera que yo no cambiaría, aunque pudiera hacerlo. Mis hijos han sido tocados por el fuego del Refinador y están aprendiendo lecciones preciosas en medio de él.

LOS NIÑOS PUEDEN APRENDER A SOPORTAR

No tenemos que vivir mucho para darnos cuenta de que la vida es dura, y que, si nuestros hijos van a seguir a Cristo, no será fácil y sin sufrimiento. "Es necesario pasar por muchas dificultades para entrar en el reino de Dios" (Hechos 14:22, NVI). Sin embargo, muchos de nosotros vivimos en una cultura donde se consiente, se cubre y se sobreprotege a los niños, lo que a menudo produce niños y adultos que se creen con derecho a privilegios, demasiado ansiosos, egocéntricos y temerosos.

¿Debemos hacer todo lo posible para proteger a nuestros hijos de peligros obvios? Sí, por supuesto. Sin embargo, también debemos tener cuidado de no ponernos en el lugar de Dios y tratar de controlar todo lo que los rodea al pensar que les estamos haciendo un bien al evitar que las dificultades y dolencias entren a sus vidas. Es posible que estemos tratando de protegerlos de las mismas cosas que los capacitarán para seguir firmes a Cristo.

Aunque nunca hubiera elegido que nuestros hijos nacieran con enfermedades y problemas, he visto cómo Dios ha usado este sufrimiento para enseñarles a buscarlo, hacer cosas difíciles, aprender a soportar y crecer en carácter a lo largo del camino (Santiago 1:3-4).

LOS NIÑOS PUEDEN APRENDER A BUSCAR LA FIDELIDAD DE DIOS

Vivimos en una cultura cristiana que está empapada en la enseñanza y el pensamiento del evangelio de la prosperidad, la idea de que seguir a Cristo nos garantiza salud, riqueza y felicidad en esta tierra. Es probable que muchos de nosotros nos apresuremos a desacreditar esa forma de pensamiento y, sin embargo, a veces sin saberlo y sutilmente, creemos una versión más "reformada" de ese mismo evangelio falso. La mayoría de nosotros comenzamos el día con la suposición de que las cosas nos saldrán bien: el automóvil arrancará, los niños estarán bien, nuestro trabajo será exitoso, la televisión funcionará, etc. Entonces, cuando nuestros planes se interrumpen, nuestra salud se deteriora o perdemos nuestro trabajo, nuestra respuesta a menudo revela la creencia de que creemos que merecemos algo mejor.

Las enfermedades de nuestros hijos implican que no hay peligro de que, de manera subconsciente, crezcan con la idea de que la fe compra el bienestar. Están experimentando de primera mano que Dios siempre es fiel, pero no siempre de la manera que esperamos. Como dice Lamentaciones 3:22-23: "Por la misericordia de Jehová no hemos sido consumidos, porque nunca decayeron sus misericordias. Nuevas son cada mañana; grande es tu fidelidad". A menudo, su inquebrantable amor y fidelidad no significa que nos evitará el dolor, sino más bien que nos dará su fortaleza y suplirá nuestras necesidades. Nuestros hijos han tenido un asiento en primera fila para ver cómo Dios suple financieramente a nuestra familia en épocas de desesperante necesidad. Han experimentado la dulce providencia divina, cuando nos dejaban obsequios de forma anónima frente a la puerta de nuestra casa durante la época navideña, y cuando la familia de la iglesia nos traía comida constantemente.

Si bien han llorado de frustración por el dolor, también están aprendiendo que Jesús ve sus lágrimas y responde sus oraciones, aunque sea de manera diferente a lo que esperan o desean. Están viendo que el tiempo y los caminos de Dios son diferentes a los suyos. Han aprendido a estar agradecidos por las cosas pequeñas y a apreciar las bendiciones que nunca hubieran apreciado si no hubieran experimentado tanta pérdida.

Por supuesto, nuestros hijos todavía tienen rabietas, desean ser normales y actúan como niños típicos, pero, a medida que han experimentado la fidelidad de Dios de manera tangible, su presencia y providencia en las pruebas se han vuelto gradualmente más dulces.

LOS NIÑOS PUEDEN APRENDER QUE EL PECADO ES PEOR QUE EL DOLOR

El dolor tiene una forma de derribar nuestras pretensiones y nuestra capacidad de enmascarar nuestro pecado. Para mis hijos y Sarah, es dolor físico. Para mí, es el dolor de no poder ayudar a quienes más amo. Y la terrible verdad es que cuando los veo sufrir y me siento impotente, soy mucho más rápido para criticarlos, para quejarme de todas las responsabilidades adicionales que tengo que cumplir y para culpar a los demás por mis respuestas. El dolor no causa mi pecado; revela mi pecado. El autor Paul Tripp escribe:

> *Nunca sufres solo aquello por lo que estás sufriendo, sino que además siempre sufres la forma en que lo estás sufriendo… Tu sufrimiento se forma mucho más por lo que hay en tu corazón que por lo que hay en tu cuerpo o en el mundo que te rodea (Sufrimiento, pp. 27, 31).*

En otras palabras, el dolor externo que experimentamos es solo un aspecto de nuestro sufrimiento. La forma en que respondemos a nuestro sufrimiento —los ídolos que revela y el pecado que saca a la superficie— intensifica el calor del fuego. Sin embargo, ese es el buen propósito de Dios en nuestro sufrimiento: viene "para que sometida a prueba vuestra fe, mucho más preciosa que el oro, el cual aunque perecedero se prueba con fuego, sea hallada en alabanza, gloria y honra cuando sea manifestado Jesucristo" (1 Pedro 1:7).

Puesto que nuestra familia ha soportado años de pruebas, sin una solución a los problemas o un final a la vista, Dios nos ha ayudado a ver que el sufrimiento no es nuestro principal problema, sino el pecado. Este no es un proceso agradable, pero ha sido bueno para todos nosotros. En lugar de vivir su infancia libres de dolor e ignorantes de cuánto fluye el pecado dentro de ellos, Dios ha usado las pruebas de nuestros hijos para quitarles la capa ilusoria de trivialidad y revelar su necesidad de un Salvador.

Como escribió el salmista en Salmos 119:

Antes que fuera yo humillado, descarriado andaba;
Mas ahora guardo tu palabra…
Bueno me es haber sido humillado,
Para que aprenda tus estatutos.
Mejor me es la ley de tu boca
Que millares de oro y plata (vv. 67, 71-72).

Qué bendición es como padre cristiano ver a tus hijos comprender que Jesús es el mayor regalo y que el dolor que experimentan ahora es solo temporal, porque tienen la esperanza de la eternidad. Aunque no sé con certeza el estado del corazón de cada uno de mis hijos, estoy agradecido de que Dios nos esté brindando muchas oportunidades para sembrar las semillas del evangelio en el terreno de sus almas.

NO TEMEREMOS

En el libro de Matt Chandler, *Joy in the Sorrow* [Gozo en medio del dolor], Jeanne Damoff da un poderoso testimonio de la fidelidad de Dios después que encontraran a su hijo de quince años en el fondo de un lago durante una fiesta de natación. Milagrosamente y en contra de todos los pronósticos médicos, gradualmente se despertó de su coma y recuperó su capacidad de caminar y hablar y experimentó una fe gozosa en Cristo. Sin embargo, como comenta Jeanne, "su lesión cerebral lo limita a una vida muy sencilla y dependiente. Tal vez nunca se case. Nunca tenga su propia casa ni un trabajo de verdad. Nunca experimente la mayoría de las cosas que el mundo asocia con el éxito".

Luego continúa relatando su experiencia de gozo en el dolor mientras lloraba por su hijo:

Un día, cuando la tristeza se apoderó de mí una vez más, pedí
a Dios que me ayudara a comprender cómo podía ser esta su

voluntad para Jacob. Entonces sentí que me hacía una pregunta: ¿Cuál es tu oración por tus hijos?

"Cuando estén en tu presencia, quiero que te escuchen decir: 'Bien, buen siervo y fiel'", respondí.

Y fue como si Dios dijera: "Míralo. Me ama con todo su corazón y todos los que lo ven se sienten atraídos hacia mí. Es un buen siervo y fiel".

¿Qué importa que Jacob nunca impresione al mundo con sus logros? Está deleitando a Aquel que lo creó para su propio deleite y su gloria, y su vida es un vivo retrato de la redención. ¿Qué más puedo pedir por mi hijo? (pp. 36-37).

En verdad, el mayor bien para nuestros hijos es que conozcan y amen a Jesús más allá de cualquier cosa en este mundo. Y a veces será necesario que nuestros hijos pierdan algo de este mundo para motivarlos a buscar algo (o Alguien) más allá de este mundo.

Hermano o hermana en Cristo, si estás viendo a tu hijo enfrentar algún tipo de dificultad, recuerda que Dios ama a tus hijos más que tú y que es digno de confianza. Hay mucho que temer en este mundo, pero cuando temes y confías en Dios más de lo que temes al dolor o confías en tu capacidad de controlar la vida, encontrarás mayor libertad y paz como padre o madre. Seamos padres que no solo oren por la protección de sus hijos, sino que, ante todo, oren para que sus corazones se vuelvan a Cristo, sin importar el costo.

REFLEXIÓN

1. ¿Vives con temor y ansiedad por algo que le está sucediendo a tu hijo? Si es así, ¿cómo cambiarías como padre o madre si llevaras esos temores y ansiedades al Señor y le pidieras que te ayude a confiar a tus hijos en sus manos seguras?

2. ¿Has visto alguna manera en que las dificultades o la decepción han hecho que tu hijo o hija maduren? ¿Cómo puede eso animarte a orar positivamente, para crecer en fe y piedad, en lugar de pedir solo que se acabe el dolor o la prueba?

3. (Juntos, si es posible) Conversen sobre cómo pueden apoyarse mutuamente en esta etapa y cómo pueden asegurarse de ser padres de manera coherente en la forma en que tratan a sus hijos y en lo que les dicen.

____

____

____

____

____

____

____

____

____

____

____

____

____

____

ORACIÓN

Padre celestial, gracias porque prometes equiparnos para todo lo que nos llamas, aunque eso signifique permitir que el dolor entre en la vida de nuestros hijos. Como padre, mi tendencia natural es proteger a mis hijos del dolor y el sufrimiento de este mundo. Perdóname por los momentos en los que trato de controlar su entorno, en lugar de confiar su vida en tus manos. Ayúdame a saber cuidar, enseñar y proteger a mis hijos de una manera que te honre a ti, pero también a saber cuándo debo dar un paso atrás y confiar en que tienes el plan de permitir cosas que escapan a nuestro control. Señor, te ruego que no permitas ningún dolor en la vida de nuestros hijos que no sea utilizado para atraerlos hacia ti y darles vida en tu nombre. Danos la gracia y la sabiduría de caminar junto a ellos y criarlos de una manera que muestre confianza en ti y glorifique tu nombre. Amén.

Para reflexión adicional, lee Génesis 50:20; Isaías 41:10; 43:2; Jeremías 17:7-8; Romanos 5:3-5.

CAPÍTULO 20

Oración por los hijos pródigos

Job… se levantaba de mañana y ofrecía holocaustos
conforme al número de todos ellos [sus hijos].
Porque decía Job: Quizá habrán pecado mis
hijos, y habrán blasfemado contra Dios en sus
corazones. De esta manera hacía todos los días.

JOB 1:5

La mayoría de los padres siente la gran responsabilidad de proteger y mantener a sus hijos, pero los padres cristianos llevan una carga que es mucho más pesada que el miedo a un brazo o un corazón rotos. Como padres cristianos cargamos con el peso emocional y el dolor de un hijo que rechaza lo que más apreciamos y sabemos que más necesitan: la fe salvadora en Jesucristo. Es la misma razón por la que Job oraba continuamente por sus hijos, pues sabía que su salvación eterna estaba en juego.

Sin embargo, como todos descubrimos en un momento u otro, podemos mostrarles el camino a seguir, pero no podemos controlar el corazón de nuestros hijos. Job ofrecía sacrificios de holocausto por sus hijos, lo cual revelaba su apremiante deseo de que fueran perdonados y vivieran en relación con Dios. No obstante, en verdad, cada hijo tiene que decidir por sí mismo si creerá o no en el sacrificio que simbolizaban todos los holocaustos del Antiguo Testamento: Jesús, quien "[ofreció] una vez para siempre un solo sacrificio por los pecados" (Hebreos 10:12).

No importa qué manual para padres sigamos (o no sigamos), nadie tiene garantía de que sus hijos se apartarán de su pecado y pondrán

Una vez fui una hija
"pródiga", perdida
y enojada. Estaba
endurecida por fuera,
pero profundamente
herida por dentro.

su fe en Jesús como su Señor y Salvador. Debido a esa realidad, puede llegar el momento en que uno o más de nuestros hijos elijan un camino diferente (al menos por una temporada) y huyan del regalo más grande: aquel por el que hemos orado, que les hemos enseñado y en cuyos caminos los hemos criado. Al igual que el hijo pródigo de Lucas 15:11-32, que rechazó la sabiduría de su padre y se escapó para desperdiciar neciamente su herencia, nuestros hijos pueden rechazar o resistir la sabiduría y la verdad que les hemos enseñado para seguir un camino doloroso y a veces destructivo, y dejarnos en una condición de angustia y dolor.

Una vez fui una hija "pródiga", perdida y enojada, que luchaba por encontrar mi identidad. Estaba endurecida por fuera, pero profundamente herida por dentro. El dolor de mis decisiones no solo me estaba destruyendo, sino que también estaba creando dolor en nuestra familia y me estaba llevando a romper mis relaciones con las personas que más me amaban.

Por la gracia de Dios, mis padres no se dieron por vencidos conmigo, a pesar de lo tentador que debió de haber sido a veces. En cambio, confiaron mi vida a Dios, me amaron a pesar de la forma en que los trataba y pelearon una batalla espiritual que yo no podía (o no quería) en oración por mí; oraciones que Dios finalmente respondió en su gracia.

Amigo o amiga, si tienes un hijo o una hija rebelde y su corazón se ha endurecido, te reto a que tomes las armas, pelees la batalla espiritual que se libra sobre ellos con todas las fuerzas que Dios te ha dado y no renuncies a su vida. Te animo a que hagas estas tres oraciones por tus hijos que están descarriados.

1. ORA POR UN CORAZÓN QUEBRANTADO, CUALQUIERA QUE SEA EL COSTO EN ESTA TIERRA

Es increíblemente difícil orar por algo que no sea una vida tranquila, exitosa y sin dolor para nuestros hijos. Sin embargo, el mayor bien eterno que podemos pedir en oración por ellos es su salvación, por encima de su felicidad o bienestar terrenal. Tenemos que luchar por ellos en un mundo lleno de placeres temporales, gratificación personal y límites borrosos, confiar sus vidas a nuestro Señor y pedirles que los traiga a casa, aunque el camino de la salvación deba pasar por su dolor.

El hijo pródigo tuvo que experimentar la pérdida de su riqueza, de sus amigos y de su dignidad (hasta que estuvo tan hambriento que anhelaba comer la comida de los cerdos) para poder recapacitar y decidir "Me levantaré e iré a mi padre" (Lucas 15:15-18). El camino a casa tuvo que pasar por los campos de los cerdos.

Estoy eternamente agradecida de que mis padres me amaran tanto que oraron por mí para que experimentara un quebrantamiento: un quebrantamiento que me llevaría a la sanidad, aunque mi camino de quebrantamiento casi me mata.

Después de la devastadora pérdida de mi identidad como atleta y el abuso de mis compañeros, mi vida se descontroló. Busqué identidad y propósito en cualquier cosa menos en Jesús. Mientras los patrones autodestructivos me llevaban más a la desesperación, anhelaba escapar de este mundo, un deseo que finalmente me llevó a la protección de un hospital.

En esa desolada habitación blanca del hospital, la elección que tenía ante mí era clara: dejarme aplastar por el peso de mi pecado o dejar los pedazos rotos de mi vida a los pies de Cristo. Sabía lo que decía la Biblia acerca de Jesús y cómo Él siempre recibía a los pecadores en su redil, porque mis padres me lo habían repetido muchas veces. En su gracia, Dios me llevó a ponerme de rodillas y a formar parte de su familia y, desde entonces, ha estado redimiendo esos pedazos rotos.

Solo seremos lo suficientemente valientes para hacer una oración por el quebrantamiento de nuestros hijos cuando nosotros mismos hayamos sido quebrantados ante Dios y confiemos en su amor por nuestros hijos y por nosotros. Solo cuando le hayamos entregado por completo a nuestros hijos, podremos orar: "Padre, usa lo que tengas que usar para salvar a mi hijo de una eternidad sin ti, cueste lo que cueste".

2. ORA CONTRA EL ENEMIGO

Se está librando una batalla por la vida de nuestros hijos. Tenemos que batallar por ellos, especialmente cuando la ceguera les impide pelear la batalla por sí mismos.

Recuerdo que mi mamá me contó la historia de una vez cuando yo estaba en la cocina con ella, enojada contra el mundo y me desquitaba con ella. Mi mamá me miró y me dijo con valentía: "¡Estoy batallando por ti y no dejaré que Satanás tenga la victoria sobre tu vida!". Después que ella dijo esas palabras, caí al suelo y rompí en llanto.

No tenemos garantía de la salvación de nuestros hijos ni del resultado que esperamos. Sin embargo, podemos estar seguros de que Dios escucha nuestras oraciones, actúa de acuerdo con su carácter y hace lo que es bueno (aunque eso puede ser diferente de lo que estamos pidiendo). Una de las grandes armas que Dios ha dado a los padres para luchar contra la tentación del mundo y los planes del enemigo sobre sus hijos es orar como lo hizo Cristo por Pedro:

Simón, Simón, he aquí Satanás os ha pedido para zarandearos como a trigo; pero yo he rogado por ti, que tu fe no falte; y tú, una vez vuelto, confirma a tus hermanos (Lucas 22:31-32).

Pedro era un creyente, pero en el momento en que negó repetidas veces incluso conocer a Jesús, eso habría sido difícil de creer. No podemos saber si nuestros hijos errantes se volverán a Cristo o no, pero aun así podemos orar a Dios para que rescate a nuestros hijos del poder de Satanás, les dé fe en Cristo y use sus vidas para promover el evangelio y fortalecer a otros creyentes. Quizás podamos animarnos al saber que muchos de aquellos, como Pedro, que más han servido al Señor, también han vivido sus propios días descarriados.

3. DECLARA LAS ESCRITURAS EN ORACIÓN SOBRE SUS VIDAS

Aunque tus hijos no quieran tener nada que ver con la verdad y odien escuchar la Palabra de Dios, no pueden hacer nada para que tú dejes de declarar las Escrituras en oración sobre ellos. Esta es otra arma poderosa que Dios ha dado a los padres.

Mis padres declaraban en oración las palabras de Salmos 18:16-19 sobre mi vida, y lo hacían a menudo:

Envió desde lo alto; me tomó,
Me sacó de las muchas aguas.

Me libró de mi poderoso enemigo,
Y de los que me aborrecían; pues eran más fuertes que yo.
Me asaltaron en el día de mi quebranto,
Mas Jehová fue mi apoyo.
Me sacó a lugar espacioso;
Me libró, porque se agradó de mí.

Realmente me asombra mirar atrás y ver cuán fiel ha sido Dios al responder esta oración. Me estaba ahogando en la autodestrucción, el abuso de los demás, la rebeldía y una tristeza demasiado profunda para comprender en ese momento. Dios, en su misericordia, me sacó de las muchas aguas y me rescató de mi propio pecado y del deseo de Satanás por mí.

Mientras estaba sentada en esa habitación del hospital, sin querer vivir más, Dios me rescató, me llevó a un lugar espacioso y me mostró que se agradaba de mí (a pesar de mi indignidad). Él ha continuado siendo fiel a estas palabras de las Escrituras, me ha sostenido en medio de muchas aguas profundas y me ha ayudado a atravesar muchos días oscuros.

Padres, no importa qué tan lejos de Jesús parezcan estar sus hijos o en qué camino se encuentren, pueden luchar por sus vidas con el arma poderosa de la Palabra de Dios.

NO DEJEMOS DE AMARLOS

No importa dónde se encuentren espiritualmente nuestros hijos o cuánto se alejen de nosotros y de la Palabra de Dios, debemos recordarles que estamos a favor de ellos, aun cuando estamos en contra de sus decisiones. A pesar de la desaprobación y el dolor de mis padres por las decisiones que yo estaba tomando, de alguna manera sabía que, como el padre del hijo pródigo, siempre estaban dispuestos a recibirme con los brazos abiertos. En lugar de decirme que mis decisiones apagaban el amor de ellos por mí, me aclaraban que mis decisiones les dolían porque me amaban profundamente. No fingían que mi viaje a los campos de mis propios cerdos no les importaba, sino que siempre se aseguraron de que yo supiera que estaban listos para abrazarme y que había un Padre celestial que también estaba listo para hacerlo. Al final, no fueron ellos quienes me salvaron, pero me mostraron la gracia, el perdón y el amor incondicional de mi Salvador.

Pase lo que pase, sigue esperando a tus hijos y no dejes de amarlos. Mientras haya aliento, siempre habrá esperanza.

EL PODER DE UN PADRE O UNA MADRE QUE ORA

La verdad es que, aunque están en nuestro hogar y debamos enseñar y educar a nuestros hijos y establecer límites, no tenemos control sobre sus corazones. A fin de cuentas, solo Dios puede llenar sus corazones con amor por Cristo y abrir sus ojos para que vean la belleza y la gloria de quien es Él. Es importante recordar que estamos aquí para agradar a Cristo, no para salvar a nuestros hijos. No podemos salvarlos; nunca fue nuestra tarea, pero tenemos un Salvador que puede hacerlo.

Estoy aprendiendo esto a un nuevo nivel y desde una perspectiva diferente, ya que ahora enfrento luchas con mis propios hijos que a menudo me tientan a desesperarme. Sin embargo, no estamos indefensos y nunca estaremos sin esperanza. Ya sea que nuestros hijos sean pequeños o más grandes, y tengan un corazón blando o de piedra, tenemos el poder de la oración, la Palabra viva de Dios y un Dios soberano en quien podemos confiar.

Nuestro Padre que está en los cielos ama tomar una vida aparentemente desesperada, como la mía una vez lo fue, y mostrar su misericordia y su poder. Obsequia a tus hijos el regalo de la oración y confía en que Dios usará sus vidas para sus buenos propósitos; y que tu propia vida crecerá y será transformada en el proceso.

REFLEXIÓN

1. ¿Crees en el fondo que la salvación de tus hijos depende de ti y, por lo tanto, actúas en consecuencia? ¿Cómo se manifiesta eso en temor u orgullo? ¿De qué manera confiar en que finalmente Dios tiene el control de su salvación, independientemente de tu éxito o fracaso como padre o madre, cambiaría tu forma de ser padre o madre y orar?

____

____

____

____

____

____

____

2. ¿Crees que vale la pena orar para que tus hijos experimenten un quebrantamiento si eso los lleva a Cristo? ¿Si no, qué te impide creerlo?

____

____

____

____

____

____

3. ¿Qué versículo podrías comprometerte a declarar en oración por cada uno de tus hijos?

____

____

____

____

____

____

4. (Juntos, si es posible) Si tienen un hijo pródigo, piensen en cómo pueden aferrarse firmemente a la verdad sin ignorar o excusar sus decisiones pecaminosas, pero asegurándole continuamente que están a favor de él o ella y que lo/a amarán incondicionalmente. Si todos sus hijos siguen al Señor, alaben y agradezcan a Dios por su misericordia y su bondad inmerecida para con ustedes y sus hijos.

____

____

____

____

____

____

ORACIÓN

Señor, siento que la idea de que mis hijos te rechacen es más de lo que puedo soportar. Sin embargo, también siento mi incapacidad de cambiar su corazón y abrir sus ojos para que vean su necesidad de ti. A menudo, siento culpa y temor de que se aparten de ti debido a mi propio pecado y mis fracasos. Ayúdame a descansar y a confiar en tu gracia: saber que solo tú eres capaz de darles un corazón de fe y que mis mejores esfuerzos no los salvarán y mis peores fracasos no los alejarán de tu alcance. Dame la sabiduría para amar y guiar a mis hijos y criarlos en la verdad. En tu amor y misericordia, salva a mis hijos de una vida descarriada y rebelde, y concédeles la fe salvadora en ti. Y, si se descarrían, haz lo que tengas que hacer para quebrantar el poder del pecado sobre ellos, y te entreguen sus vidas. Amén.

Para reflexión adicional, lee 1 Samuel 16:7; Salmos 139; Jeremías 24:7; Lucas 15:11-32; 2 Pedro 3:9.

CAPÍTULO 21

Cómo redescubrir (o mantener) el gozo

Sarah y yo estábamos sentados frente a frente a la mesa en un incómodo silencio. Como si acabáramos de montar ese horrendo paseo en la taza de té giratoria de un parque de atracciones, estábamos allí sentados con la cabeza que todavía nos daba vueltas, mientras tratábamos de ajustarnos a nuestro mundo que de repente se había detenido. Llevábamos catorce años de casados, todavía gustábamos uno del otro (como de costumbre) y estábamos muy contentos de estar fuera de casa. Entonces, ¿por qué no podíamos mantener una simple conversación?

El problema era lo siguiente: habíamos olvidado cómo hacer cualquier otra cosa que no fuera sobrevivir. Habíamos aprendido a funcionar bien en el caos, ya que el caos era todo lo que habíamos conocido durante la mayor parte de nuestro matrimonio. Sin embargo, a medida que pasaba el tiempo, luchábamos por no alejarnos uno del otro.

Este es a menudo el curso natural de un matrimonio que ha estado delimitado por el sufrimiento. Es posible que todavía nos amemos, e incluso trabajemos bien juntos, pero si nuestra relación gira principalmente en torno a nuestras pruebas o al ajetreo de la vida y no somos conscientes del peligro, eventualmente nuestro matrimonio comenzará a sufrir. La cercanía será reemplazada por la distancia sin que nos demos cuenta, hasta que la brecha será obvia y comenzará a parecer infranqueable.

Por esa razón, quiero alentarte, como otros nos han alentado, y mencionar algunas formas prácticas de evitar que las pruebas destruyan tu matrimonio. Este capítulo será un poco diferente al resto del libro en el sentido de que no voy a recurrir a la sabiduría de Job aquí, pero tengo la esperanza de que estas sugerencias rompan cualquier patrón inútil de relacionarse entre sí únicamente en el ámbito de sus pruebas. Por supuesto, esto será diferente para cada pareja; depende de las circunstancias específicas, pero espero que se motiven a buscar formas de relacionarse uno con el otro de manera proactiva en otro nivel que no sea en sus luchas.

PASAR TIEMPO JUNTOS REQUIERE DE PLANIFICACIÓN

A menudo es mucho más fácil mantener la cabeza baja y, simplemente, seguir adelante. A veces, la idea de esforzarnos en pedir ayuda a los demás o contratar a una niñera solo aumenta nuestro estrés; pero, si nunca salimos de nuestro caos, nos perderemos en él, al igual que nuestro matrimonio. Sarah y yo hemos aprendido la importancia y la necesidad de aceptar ayuda o contratar niñeras de manera regular para cambiar nuestro entorno y conocernos más uno al otro en áreas que no estén relacionadas con nuestras pruebas. Esto será diferente para cada pareja, según sus desafíos particulares, especialmente si están lidiando con situaciones dolorosas en el matrimonio. Sin embargo, es importante hacer un esfuerzo para avanzar en la dirección correcta, aunque solo sea de manera pequeña y gradual. Puede que simplemente decidan: "Vamos a pasar este tiempo juntos y nos pondremos de acuerdo en no sacar el tema y tratar de no pensar en lo que ha sucedido y en lo difícil de este momento. No porque no importe, sino porque necesitamos recordar lo bueno de nuestro matrimonio, en lugar de lo que está mal". Aquí hay algunas cosas que nos ayudaron a hacer esto.

1. Salir de la rutina y las pruebas diarias puede hacer que al principio te sientas como un ciervo frente a los faros de un automóvil, y eso está bien. Hemos comenzado muchas de nuestras citas mirándonos en blanco, sin saber qué decir. Nos hemos dado cuenta de que está bien darnos tiempo para procesar todo lo que ha estado sucediendo en nuestras vidas, aunque eso signifique

sentarnos en silencio durante unos minutos mientras recuperamos el aliento y nos relajamos.

2. Compra o imprime temas para iniciar una conversación o busca un programa o podcast que pueda provocar un diálogo agradable. Esto ha sido muy útil para nosotros cada vez que salimos. Dado que a menudo nos sentimos abrumados por la vida, nos puede resultar difícil encontrar cosas básicas sobre las que hablar que no giren en torno a nuestras pruebas. Hacernos preguntas divertidas de una lista o abordar temas que no están relacionados con nuestra vida diaria a menudo nos ayuda a conocernos de manera nueva, a conversar sobre temas a los que, de otra forma, nunca les habríamos dedicado tiempo, y a comunicarnos sobre asuntos que nada tienen que ver con nuestras circunstancias.

3. Determinen cierta cantidad de tiempo cuando no tengan permitido hablar sobre sus pruebas, sus hijos o cualquier otra cosa que actualmente esté consumiendo muchos de sus pensamientos y su tiempo. Por supuesto que también es bueno comunicarse sobre esas áreas, pero si eso es lo que predomina principalmente en su relación, absténganse de hablar de eso por un tiempo.

4. Planifiquen una cita que involucre una actividad. Algunos de nuestros momentos juntos más estimulantes han sido las salidas que hicimos a una clase de pintura o de cocina, o hicimos algo activo, como jugar al tenis o golf (antes que el tobillo de Sarah se lo impidiera). Eso nos quitaba la presión de tener que hablar todo el tiempo y nos ofrecía algo divertido para hacer juntos. Cuando la vida siempre es pesada, es muy importante encontrar nuevas formas de relacionarse y disfrutar el uno con el otro que sean divertidas y agradables.

5. Si no pueden salir, tengan "citas en casa" semanales. Túrnense para idear una nueva manera de pasar el tiempo: planeen una película con palomitas de maíz, o pidan comida para llevar y jueguen a un juego favorito juntos o preparen la cena de su restaurante favorito y recreen la escena como si realmente estuvieran allí. Podemos ser creativos y "cambiar" nuestra rutina habitual sin siquiera salir de casa.

ALÉJENSE DE LO "HABITUAL"

Pasar unas horas en pareja es genial, pero, debido a que toma tiempo relajarse cuando la presión es realmente alta, si pueden tener un par de noches en algún lugar fuera de lo "habitual", entonces vale la pena el costo y la organización. Les da tiempo para tratar con la fase inicial donde parecen "ciervos ante los faros de luz de un automóvil" y les queda tiempo para que la conversación se desarrolle de forma natural. Cambiar su entorno también puede ser útil. Por ejemplo, si gran parte de su estrés ocurre en casa, cambiar el entorno (caminar por una reserva forestal, sentarse junto a un lago, etc.) puede ayudarlos a relacionarse más rápido en un nivel diferente.

Tal vez incluso la sola la idea de esto te haga llorar porque darías cualquier cosa por tener un respiro de tu situación actual, pero no es una opción para ti. Si ese es el caso, recuerda que la gracia de Dios es suficiente para ti y tu matrimonio en las circunstancias que Él ha permitido. Salir puede ser útil, pero no es un requisito para un buen matrimonio

BUSQUEN UN PASATIEMPO PARA HACER JUNTOS

Si todo lo que hacen en el matrimonio es principalmente hablar, soportar y atravesar pruebas, puede ser útil y saludable encontrar algo positivo para hacer juntos. Algunas parejas pueden disfrutar de tomar juntos lecciones de tenis o golf, clases de cocina, jardinería o restauración de muebles viejos. ¡Incluso podrían emprender la descabellada idea de escribir un libro juntos! (Aclaración: hacerlo produce sus propias tensiones…). Sea lo que sea, tener algo en lo que tú y tu cónyuge puedan trabajar y realizar juntos puede ayudar a traer equilibrio y salud al matrimonio en todo sentido.

ANIMA A TU CÓNYUGE A HACER ALGO QUE DISFRUTE

Cuando la vida es difícil, a veces nos sentimos egoístas por invertir tiempo o dinero para hacer algo que no es absolutamente necesario. Por ejemplo, dado que Sarah ha perdido su capacidad de participar en muchas de las actividades físicas que solían ser una vía de escape para ella, he tratado de animarla a encontrar nuevas actividades que le gusten. Intento ofrecerle un par de horas en las que pueda salir a escribir o hacer algo que le parezca estimulante. Asimismo, Sarah me anima a salir a correr con regularidad, lo que me reduce el estrés. Sea lo que sea en cada pareja, debemos animarnos mutuamente a hacer algo que nos ayude a rejuvenecernos durante una temporada estresante y ver que puede ser una inversión muy valiosa. Es posible que tu cónyuge necesite tu "permiso" para dedicar un tiempo a hacer algo que le guste antes de poder relajarse y disfrutarlo.

MANTÉNGANSE RELACIONADOS CON OTROS

Si bien es importante que nos comuniquemos como pareja, también es saludable que cada uno se mantenga relacionado con otras amistades piadosas que sean de apoyo. Cuando nos animamos mutuamente a hacer esfuerzos constantes para pasar tiempo con nuestras amistades, eso quita algo de presión al otro cónyuge y significa que cada uno de nosotros puede seguir escuchando consejos sabios y tener alguien con quien orar. Las buenas amistades evitan que un matrimonio se convierta en una cámara de eco.

SIRVAN JUNTOS A OTROS

Cuando tu matrimonio está pasando por una temporada de prueba, es muy fácil dejarse absorber por las dificultades. A menos que las circunstancias lo impidan, puede ser saludable y útil servir juntos a otros, especialmente en la iglesia local. Primero, nos ayuda a apartar la vista de nuestro propio sufrimiento y a concentrarnos en los demás. Segundo, nos da algo positivo en lo cual concentrarnos como pareja y nos ayuda a mantenernos vinculados con el cuerpo de Cristo y a guardarnos del aislamiento.

SIGAN RIÉNDOSE (O EMPIECEN A HACERLO)

Es cierto que la risa es una buena medicina. Hay innumerables beneficios físicos y mentales de reírse. De hecho, incluso diría que uno de los mayores regalos de nuestro matrimonio ha sido la capacidad de reírnos del caos y la disfunción que nos ha rodeado. Aunque algunas personas se sorprenderían si supieran de qué hemos aprendido a reírnos, la verdad es que nos ha ayudado a sobrellevar nuestras pruebas y mantenernos en perspectiva. La risa ha disipado las tensiones, aliviado los momentos estresantes y ha ayudado a alejar la nube de desesperación que a menudo amenaza con envolver nuestro matrimonio. Los chistes internos que solo tú y tu cónyuge entienden pueden aligerar la atmósfera de tu hogar y tu matrimonio, y fortalecer su amistad mientras se unen por medio de la risa, no solo las lágrimas.

Por supuesto, tal vez estés leyendo esto con tristeza porque tú y tu cónyuge no se han reído juntos en años y, si eres sincero, no encuentras mucho de qué reírte. No eres el único en esta lucha. Cuando la vida se pone difícil o la tensión aumenta en nuestro matrimonio, la risa es a menudo lo primero que desaparece. En temporadas como esta, nos ha resultado útil ver o escuchar una película de comedia o un comediante (sano) que nos ofrezca algo de qué reírnos juntos. A veces, hemos necesitado concentrarnos en algo divertido fuera de nuestra situación para recordar cómo reír. ¿Resuelve alguna de nuestras circunstancias problemáticas? No, pero puede ser estimulante y fortalecedor tener algo de qué sonreír y reír juntos, aunque sea por un breve período de tiempo.

Amigos, sabemos muy bien lo rápido que el matrimonio puede verse abrumado por las exigencias, el estrés y las pruebas de la vida. Si no somos deliberados y proactivos, estas tormentas pueden delimitar y desgastar nuestro matrimonio en lugar de refinarlo y fortalecerlo. Aunque nuestra mayor esperanza no se basa en nada que hagamos o dejemos de hacer, es sabio reconocer las trampas de ser consumidos por nuestro sufrimiento, mientras buscamos formas prácticas de protegernos contra ello.

Ya sea que estén enfrentando o no una temporada de dificultades en su matrimonio, recuerden invertir y valorar la amistad entre ustedes. Las temporadas pasan, las pruebas van y vienen, pero la persona que está a tu lado te acompañará durante toda la vida. Apóyense uno al otro, inviertan el uno en el otro y recuerden disfrutar el uno del otro.

REFLEXIÓN

1. Al mirar atrás, ¿puedes ver cómo las pruebas o el ajetreo de la vida han hecho que tu matrimonio quede en segundo plano? ¿Cuáles son algunas de las cosas que solían disfrutar hacer juntos, pero a las que ya no le dedican tiempo?

____

____

____

____

____

____

____

2. ¿Cuál de las sugerencias de este capítulo te parece más útil o más difícil?

____

____

____

____

____

____

3. ¿Cuáles son una o dos cosas que te gustaría hacer con tu cónyuge? ¿Qué sería agradable, estimulante, relajante y vinculante para ti?

____

____

____

____

____

____

____

4. (Juntos, si es posible) Conversen sobre cómo sienten que les está yendo a su matrimonio en estas "áreas prácticas". Elijan un paso práctico que van a dar en las próximas dos semanas.

____

____

____

____

____

____

____

ORACIÓN

Padre, cuando las pruebas son largas y duras, es difícil pensar en nada ni en nadie más. No quiero que el sufrimiento sofoque mi matrimonio, pero está amenazando con quitarle la alegría, la paz y la energía a nuestra relación. Ayúdanos, Señor. Ayúdanos a proteger nuestro matrimonio de estar delimitado por nuestro sufrimiento. Muéstrame cómo puedo apoyar y alentar a mi cónyuge e invertir en el fortalecimiento de nuestra relación. Danos la sabiduría y los medios para mantener el equilibrio y la salud en nuestro matrimonio cuando el estrés y la angustia amenacen con consumirnos. Gracias porque prometes darnos todo lo que necesitamos cuando te buscamos a ti como la fuente de todo lo que necesitamos. Amén.

CAPÍTULO 22

Las respuestas de Dios a nuestros "¿por qué?"

Entonces respondió Jehová a Job desde un torbellino,
y dijo: ¿Quién es ese que oscurece el consejo con
palabras sin sabiduría? Ahora ciñe como varón
tus lomos; yo te preguntaré, y tú me contestarás.
¿Dónde estabas tú cuando yo fundaba la tierra?

JOB 38:1-4

Cuando llegan las pruebas, nuestra respuesta natural es preguntar "¿por qué?". Intentamos desesperadamente crear un esquema mental para ellas, en el intento de encontrar una forma de consuelo en el propósito y una explicación para nuestro dolor.

Sin embargo, muchas veces no podemos encontrar ninguna de las dos cosas.

Para el cristiano, apenas nos enfrentamos a una lucha, la misma lucha que enfrentó Job: "Si Dios me ama, si Dios tiene el control y si Dios es bueno… ¿por qué permite circunstancias que parecen carentes de amor, sin control y lejos de ser buenas? Y si hay un propósito para lo que estoy atravesando, ¿por qué no me consuela con una respuesta a mis preguntas?".

Este camino de cuestionamiento y confusión es demasiado conocido para mí. Durante la mayor parte de mi vida, he creído que Dios es bueno, soberano, fiel y amoroso. Sin embargo, construí mi sistema de creencias en un mundo que tenía sentido para mí en circunstancias que hacían que esas verdades fueran fáciles de aceptar.

Después, la vida comenzó a desmoronarse. Mis esperanzas y expectativas fueron desplazadas por realidades dolorosas, decepcionantes y devastadoras. Al igual que Job, observé dolorosamente cómo se desmoronaba un área de la vida tras otra. El matrimonio, los hijos, la maternidad, la salud, las habilidades, el trabajo, las comodidades económicas, nuestro hogar… parecía como si nada se salvara. Así que comencé a luchar, por primera vez, con los "por qué". ¿Por qué Dios, a quien he tratado de servir y obedecer, permitía todo esto? ¿Por qué parece estar en mi contra? ¿Por qué parece callado? ¿Por qué, cuando siento que estoy en mi punto más bajo, permite otro golpe doloroso? Llegaron las preguntas, pero no las respuestas.

Aunque Dios ha sido fiel de diversas maneras, sus caminos me han dejado cada vez más perpleja y turbada. Es difícil confiar frente a las oraciones sin respuesta, las oraciones que reciben la respuesta de más dolor y los momentos de silencio de Dios en los que anhelo escuchar su voz.

Tal vez te hayas encontrado en una situación similar, conmocionado, confundido y tratando afanosamente de encontrar sentido al carácter de Dios a la luz de tus circunstancias dolorosas y tus oraciones sin respuesta.

Si es así, estás en buena compañía. Nosotros, como muchos de los que nos han precedido, tenemos permiso para presentar nuestras preguntas al Señor en nuestro dolor y confusión:

¿Por qué estás lejos, oh Jehová,
Y te escondes en el tiempo de la tribulación? (Salmos 10:1).

Dios mío, Dios mío, ¿por qué me has desamparado?
¿Por qué estás tan lejos de mi salvación…? (Salmos 22:1).

"¿Por qué has derribado sus muros [de Jerusalén]…?"
   (Salmos 80:12, NVI).

"¿Por qué te has olvidado de mí?" (Salmos 42:9b).

Los salmistas conocían la experiencia del Dios que creían conocer, que de repente les parecía extraño, y de la confianza que una vez habían depositado en sus promesas, que comenzaba a flaquear a medida que sus circunstancias y sentimientos cuestionaban lo que antes consideraban verdad.

Esta es una situación inquietante, y expone los límites que hemos establecido sobre cómo pensamos que debe actuar un Dios bueno y amoroso, y hasta qué punto estamos dispuestos a confiar en Él. Un Dios que entendemos es aquel en quien estamos dispuestos a confiar, pero uno cuyas formas de obrar son contrarias a las nuestras resulta desorientador e intimidatorio.

Sin embargo, ¿cómo confiamos en un Dios que no podemos entender? Dios nos muestra cómo: debemos considerar su respuesta a Job y su respuesta a nosotros en Cristo.

ALGUNAS RESPUESTAS INESPERADAS

Job tiene muchas preguntas para Dios, y Dios las responde, pero no de la manera que Job espera. Dios enseña a Job que no necesariamente obtendrá el tipo de respuesta que cree que necesita: a saber, la razón de su sufrimiento o cuánto durará. A través de Job, nos enseña lo mismo.

¿No esperarías que la respuesta de Dios a las preguntas de Job sobre la justicia de lo que le está sucediendo sea una explicación del diálogo que mantuvo con Satanás (Job 1)? Uno pensaría que Dios aseguraría a Job que lo amaba y que nunca habría permitido eso en su vida si no fuera por la batalla espiritual que estaba en juego. Si yo fuera Dios, me habría justificado y le hubiera explicado por qué estaba permitiendo todo el sufrimiento de Job, tal como lo haría si uno de mis hijos me acusara de lastimarlo intencionalmente cuando solo estaba haciendo lo mejor para él y la familia a largo plazo. ¡Y, sin duda, supondríamos que Dios animaría a Job con el hecho de que su sufrimiento tendría un fin, y que al final Dios lo iba a restaurar y bendecir!

Sin embargo, Dios no hace nada de eso…

Entonces respondió Jehová a Job desde un torbellino, y dijo:
¿Quién es ese que oscurece el consejo
Con palabras sin sabiduría?
Ahora ciñe como varón tus lomos;

Yo te preguntaré, y tú me contestarás.

¿Dónde estabas tú cuando yo fundaba la tierra?
Házmelo saber, si tienes inteligencia.
¿Quién ordenó sus medidas, si lo sabes?
¿O quién extendió sobre ella cordel?
¿Sobre qué están fundadas sus bases?
¿O quién puso su piedra angular,
Cuando alababan todas las estrellas del alba,
Y se regocijaban todos los hijos de Dios?

¿Quién encerró con puertas el mar,
Cuando se derramaba saliéndose de su seno,
Cuando puse yo nubes por vestidura suya,
Y por su faja oscuridad,
Y establecí sobre él mi decreto,
Le puse puertas y cerrojo,
Y dije: Hasta aquí llegarás, y no pasarás adelante,
Y ahí parará el orgullo de tus olas?
¿Has mandado tú a la mañana en tus días?
¿Has mostrado al alba su lugar? (Job 38:1-12).

En lugar de defenderse y explicarse, Dios solo recuerda a Job que Él todavía tiene el control y que sabe lo que está haciendo. Eso es todo.

¿Por qué? Porque la realidad es que si Dios da explicaciones de esta prueba a Job, cuando enfrente otra prueba necesitará que se le dé una explicación también, y la siguiente, y la siguiente… y así su fe realmente se marchitará en lugar de crecer. Mientras que si Dios simplemente recuerda a Job quién es y lo que puede hacer, Job será presionado, de manera dolorosa, pero con gracia, a confiar en Dios.

Entonces Dios recuerda a Job su poder, su majestad y su sabiduría. Si puso los cimientos de la tierra, seguramente podría haber evitado la calamidad de Job. Si ve, cuida y sustenta cuando las cabras monteses dan a luz, el gavilán extiende sus alas y las águilas remontan vuelo (39:1-4, 26-27), seguramente ve, cuida de nosotros y nos sustenta. No necesitamos conocer las respuestas tanto como necesitamos *conocerle* a Él.

Amigos, nuestras preguntas y dudas no recibirán una respuesta que dé sentido a nuestras circunstancias y restrinja nuestra visión de Dios para poder comprenderlo. Y que nuestras preguntas reciban respuesta en realidad no nos ayudará a confiar más en Cristo; solo hará que confiemos en Él cuando haya una razón que tenga sentido para nosotros. No, nuestras preguntas y dudas solo se aclararán cuando comencemos a comprender la majestad, el poder y la soberanía de nuestro Creador, Salvador y Señor, y cuando creamos que Él tiene el control y sabe lo que está haciendo. Solo llegaremos a confiar en Él con una postura profundamente humilde y tranquila cuando comencemos a ver incluso una vislumbre de su verdadera gloria y podamos decir con el salmista:

¿Qué es el hombre, para que tengas de él memoria,
Y el hijo del hombre, para que lo visites? (Salmos 8:4).

Los "¿por qué?" de Job recibieron respuesta cuando Dios le recordó su propio carácter, y nuestros "¿por qué?" pueden recibir la misma respuesta. No solo porque somos barro en las manos del Alfarero (Isaías 29:16), sino porque podemos confiar en que, si Dios puso los cimientos de la tierra y ordenó sus medidas, puso límites a nuestro sufrimiento según su soberano y santo propósito.

JESÚS PREGUNTÓ: "¿POR QUÉ?"

Cerca de la hora novena, Jesús clamó a gran voz, diciendo…
Dios mío, Dios mío, ¿por qué me has desamparado? (Mateo
27:46).

Jesús conocía el plan de salvación y sabía por qué debía colgar de una cruz y que le esperaba la resurrección. Sin embargo, aun así clamó a su Padre: "¿Por qué?", mientras soportaba el dolor de la cruz. Dios no respondió a su clamor con una respuesta en ese momento; más bien, su respuesta fue tomar lo que parecía sin esperanza y sin sentido y traer esperanza de salvación al mundo a través de ello.

En la cruz parecía como si la muerte hubiera ganado, como si Dios no tuviera el control y como si Dios no amara a su Hijo. Sin embargo, en realidad, la cruz era la imagen más grande de la soberanía, el amor y la bondad de Dios, mucho más allá de lo que nuestra mente podría haber comprendido si hubiéramos estado allí en ese momento. Tenemos la bendición de vivir después de la resurrección de Cristo, de ver por qué estaba allí colgado, de ver que Dios todavía tenía el control y realmente sabía lo que estaba haciendo. ¡Alabado sea Dios porque no actúa de acuerdo con lo que tiene sentido para nosotros, sino de acuerdo con lo que es mejor para nosotros!

LO QUE SABEMOS ES MEJOR QUE LO QUE NO SABEMOS

Entonces, cuando nos enfrentamos a pruebas que no tienen sentido para nosotros, podemos acercarnos a Dios y preguntarle "¿por qué?"; pero sobre todo tenemos que volver nuestros ojos a la cruz, la máxima seguridad de que nuestro Dios es totalmente bueno, tiene el control y es digno de confianza. Si nos amó tanto que sacrificó a su propio Hijo por nosotros, podemos confiar en ese mismo amor soberano cuando nuestros "¿por qué?" parezcan no tener respuesta.

Al final, Job nos recuerda que Dios no nos debe una explicación. En lugar de tratar de inventarnos una explicación nosotros mismos (¡cuando, como Job, lo más probable es que ni siquiera podamos imaginar la verdadera explicación!), recordemos que el Señor es bueno, deliberado y amoroso en todo lo que hace, incluso cuando no podemos comprender sus caminos o sentir su presencia en la oscuridad. Necesitamos conocer el carácter de Dios más que entender el curso de nuestra vida.

Ya sea que tu matrimonio parezca estar en ruinas, o que tu corazón esté afligido por la enfermedad o la muerte de un ser querido, o que tu vida una vez tranquila ahora sea un recuerdo lejano, puedes traer tu confusión y consternación y caer de rodillas en humilde entrega a tu Salvador. Sus caminos son mucho más grandes de lo que puedes comprender, y su silencio no es prueba de su ausencia. Él quiere que confíes en Él y le temas por fe, con una esperanza inquebrantable en su carácter inmutable. Como C. H. Spurgeon dijo:

Dios libera a sus siervos de maneras que ejercitan su fe. No quiere que les falte la fe, porque la fe es la riqueza de la vida celestial. Él quiere que la prueba de la fe continúe hasta que la fe se fortalezca y llegue a tener plena seguridad. La higuera sicomoro nunca madura con frutos dulces a menos que esté magullada; lo mismo ocurre con la fe. Creyente probado, Dios te ayudará a superar la prueba, pero no esperes que Él lo haga de la manera que sugiere la razón humana, porque eso no desarrollaría tu fe (Beside Still Waters, p. 148).

Necesitamos animarnos a nosotros mismos con estas verdades, y debemos animar a nuestro cónyuge y orar por él o ella también; orar ante todo para que conozca más de Dios, en lugar de que comprenda lo que está sucediendo o incluso que saldrá airoso de la prueba.

El gozo y la paz que deseas, y que tu cónyuge desea, no se encuentran en la comprensión de tus circunstancias, ni en tener una mejor relación con tu cónyuge, ni en que tus oraciones reciban la respuesta que deseas, por maravillosas que sean tales cosas. No, el verdadero gozo que buscas se encuentra en el mismo Cristo y, a menudo, se experimenta más profundamente cuando crees que Él es suficiente y digno de confianza cuando no puedes entender sus caminos.

Nunca vemos que Job conociera el motivo de su sufrimiento. Sin embargo, llegó a creer, en un nivel mucho más profundo, quién era Dios y por qué era digno de confianza. Que eso sea una realidad para cada uno de nosotros mientras atravesamos las pruebas de esta vida. Podemos afligirnos, luchar y lamentar, pero mientras lo hacemos, que todos podamos saber que Dios todavía tiene el control y que Él sabe lo que está haciendo.

REFLEXIÓN

1. ¿Ha habido algún momento en tu vida cuando, como Job, te preguntaste por qué Dios permitió una situación dolorosa? Si es así, ¿has presentado tus luchas y preguntas a Cristo o tus preguntas te llevaron a la ira y la amargura para con Dios?

2. ¿Qué opinas de la forma en que Dios respondió las preguntas de Job? Si te pones en el lugar de las preguntas y circunstancias de Job, ¿cómo te daría consuelo y paz la respuesta de Dios en Job 38-41? Si no es así, ¿por qué no?

3. (Juntos, si es posible) Conversen sobre sus "¿por qué?". Luego conversen sobre lo que la respuesta de Dios a Job les ha enseñado y cómo podría darles una nueva perspectiva a sus circunstancias actuales. Si ambos están dispuestos a hacerlo, dediquen tiempo a orar juntos, sean sinceros con el Señor acerca de sus luchas y sus preguntas, pero luego agradézcanle y alaben por quién es y porque pueden confiar en Él.

ORACIÓN

Jesús, a menudo me pregunto "¿por qué?": ¿Por qué permitiste esta tormenta en mi vida? ¿Por qué no lo evitaste cuando sé que podrías haberlo hecho? ¿Y por qué no has respondido a mis oraciones de la forma que esperaba? Creo que eres bueno, pero a veces me cuesta entender tus propósitos y tus caminos. Sin embargo, tal vez no estoy destinado a comprender todos tus caminos y, en cambio, necesito aprender a confiar en ti. Perdóname por las veces que cuestioné tu carácter, me enojé y me amargué o intenté convertirte en un Dios que tuviera sentido para mí. Tú eres mi Creador, mi Sustentador, mi Sanador y mi Salvador. No me debes respuestas. Cuando no pueda comprender, ayúdame a confiar en quién eres y a descansar en el amor que has mostrado de la mejor manera posible: en la cruz, dando tu propia vida por mi perdón, mi libertad y mi gozo. Ayúdame a descansar en ese amor cuando quiero respuestas; ayúdame a confiar en tu poder y bondad cuando quiero tener el control; y llévame a adorarte y alabarte aún más mientras espero que tu plan se desarrolle en mi corazón y en mi vida. Amén.

Para reflexión adicional, lee Salmos 13; Habacuc 1:1–2:4; 3:17-19; Isaías 40:28-31; 55:8-9.

CAPÍTULO 23

De oír a ver: El fruto de la humildad

Yo conozco que todo lo puedes, y que no hay pensamiento que se esconda de ti. De oídas te había oído; mas ahora mis ojos te ven. Por tanto me aborrezco, y me arrepiento en polvo y ceniza.

Job 42:2, 5-6

Si no fuera porque el Señor ayudó a nuestro matrimonio a atravesar muchas pruebas dolorosas, sería un hombre mucho más orgulloso y un marido y padre menos amoroso.

Eso se debe a que Dios ha usado circunstancias difíciles, que yo no había elegido, para darme una lección de humildad: ver que confiar en Él y depender de Él en la molestia conduce a una mayor libertad y mayor gozo. Aunque, naturalmente, quiero tener la razón en mi matrimonio, Dios me ha mostrado que hay una mayor bendición en crear un ambiente de franqueza, confianza e intimidad que en ganar una discusión. Aunque quiero parecer fuerte y sabio, tener hijos que se porten bien y un matrimonio sin problemas, Dios me ha humillado y me ha hecho ver que esas cosas me mantendrían satisfecho en mi independencia cuando, en realidad, soy un hombre mucho más fuerte y sabio cuando reconozco mi dependencia de Cristo. La humildad es una bendición. De modo que, si bien el camino hacia ella puede ser doloroso, vale la pena transitarlo.

¿QUÉ ES LA HUMILDAD?

Encontramos a Job en el capítulo 42 que se desprecia y se arrepiente en polvo y cenizas. Aunque al principio Job se lamenta en cenizas y ahora se arrepiente en cenizas (cp. 2:8 y 42:6), algo ha cambiado en el camino. Ha pasado de oír a ver a Dios. El punto de inflexión en su sufrimiento, y el bien que Dios estaba haciendo en él a través de todo lo que estaba atravesando, fue cuando finalmente pudo decir: "De oídas te había oído; mas ahora mis ojos te ven" (42:5).

Parte de lo que "ve" es que tenía una perspectiva demasiado alta de sí mismo y una perspectiva demasiado baja de Dios, y ahora tiene la perspectiva correcta de sí mismo y de Dios, por lo que se humilla y se arrepiente de su orgullo. La humildad nos muestra que necesitamos arrepentirnos (porque hemos sido orgullosos y teníamos una perspectiva demasiado alta de nosotros mismos, nuestros planes, nuestra bondad, etc.) y nos permite arrepentirnos (porque ahora no somos demasiado orgullosos, así que dejamos de poner excusas, de justificarnos, de culpar a nuestras circunstancias o a nuestro cónyuge, etc.). Al igual que con Job, lo que Dios está haciendo a través de todo nuestro sufrimiento es hacer que pasemos de oír acerca de Él a verlo y conocerlo de manera más profunda. C. H. Spurgeon escribió: "En la prosperidad, se oye a Dios, y eso es una bendición. En la adversidad, se ve a Dios, y esa es una bendición mayor". Este es el camino hacia la humildad.

Nos inclinamos naturalmente hacia el orgullo, a vernos a nosotros mismos como el centro de nuestro matrimonio, nuestra familia, nuestro trabajo y, sinceramente, el universo. La humildad implica aceptar que no somos el centro del universo: Dios lo es y nosotros giramos alrededor de Él. Entonces, cuando pensamos menos en nosotros mismos y más en Él, tenemos una visión correcta de nosotros mismos y de los demás, y de nuestro lugar con respecto a los demás y a Él. "La humildad no es pensar menos de uno mismo, sino pensar menos en uno mismo", como dijera C. S. Lewis. Esto significa, como le sucedió a Job, verte correctamente: no lo sabes todo, no tienes todas las respuestas, tus planes para tu vida no son necesariamente mejores y, dicho sin rodeos, no te mereces algo mejor. Y significa ver a Dios correctamente:

Él lo sabe todo, tiene todas las respuestas, sus planes son los mejores y merece tu alabanza y obediencia.

Vernos a nosotros mismos como realmente somos, y a Dios como realmente es, siempre nos llevará al arrepentimiento, especialmente de nuestro orgullo y de pensar que somos mejores y más grandes de lo que realmente somos, y que somos el centro del universo (que es con lo que Job luchó al cuestionar a Dios). El problema no fue que Job presentara sus preguntas a Dios, sino su suposición de que Dios le debía una explicación. No es que esté mal hacer preguntas a Dios y lamentar nuestro sufrimiento, ni siquiera pedirle que nos muestre una vislumbre de que está obrando para nuestro bien; pero está mal cuestionar a Dios con un sentido de "Yo sé más que tú, así que debes hacer las cosas a mi manera".

Entonces, ¿cómo alcanzamos el tipo de humildad a la que llegó Job?

CÓMO APRENDEMOS LA HUMILDAD

¿Cómo creció Job en humildad al pasar de oír a Dios a ver y conocer a Dios?

El sufrimiento de Job tomó lo que él creía que era verdad de Dios en teoría, lo puso a prueba y le permitió atravesar esa prueba para que ahora supiera que su creencia era verdadera como una viva realidad. El mismo proceso se necesita a menudo en nuestras vidas. Podemos decir que creemos en algo, pero en realidad no vemos ni sabemos lo que creemos hasta que se pone a prueba.

Imagina un lugar del que hayas oído hablar; puede ser una cascada imponente, un cañón, un monumento histórico o una vista desde la cima de una montaña. Te han hablado de su impresionante belleza, magnífica estructura o asombrosa majestuosidad. Puedes intentar imaginar lo impresionante que debe ser, pero estás limitado en tu comprensión, solo habrás oído hablar de su existencia.

Entonces lo visitas tú mismo. Ahora lo experimentas de primera mano: su tamaño te hace sentir pequeño e insignificante, la historia te hace darte cuenta de lo rápido que va y viene la vida o el poder te hace sentir impotente y consciente del poco control que tienes.

Esto se parece un poco a nuestro proceso mediante el cual pasamos de oír acerca de Dios hasta ver su presencia, su poder y su santidad de primera mano. Las pruebas son a menudo los lentes a través de los cuales podemos verlo así. Sin duda, eso fue lo que le sucedió a Job.

Job había creído que amaba a Dios por encima de todas las cosas, pero ahora sabía que su Dios era más grande que sus pérdidas. En el capítulo 1, versículo 1, si hubiéramos preguntado a Job: "¿Vives en el temor de Dios y amas a Dios más que las cosas que Él te da?"; sin duda habría dicho "Sí". Y habría tenido razón. Sin embargo, si le hubiéramos hecho la misma pregunta en el capítulo 42, habría respondido "Sí" con una apreciación mucho mayor de lo que estaba diciendo, y lo habría dicho con mucha más certeza, porque ahora había perdido esas cosas que Dios le dio, y había visto que Dios todavía estaba allí, seguía siendo soberano y, de alguna manera, seguía siendo bueno. Él ya había creído que Dios era fiel, pero ahora había visto la fidelidad de Dios a través de y en sus peores circunstancias. En teoría, había creído que era un pecador indigno, pero ahora podía ver su pecado y su indignidad ante un Dios santo. Había creído que Dios era soberano, pero ahora sabía que Dios era soberano incluso cuando no podía entender a Dios. Había creído que Dios era bueno cuando todo estaba bien, pero ahora había visto las profundidades de la bondad de Dios a la luz de la redención que vendría un día y que ninguna tormenta podría llevarse (Job 19:25-27).

Aunque a menudo es muy difícil de verlo en el momento, lo mismo es cierto para nosotros. Todo lo que Dios permite en nuestras vidas, incluidas las pruebas que enfrentamos en y contra nuestro matrimonio, tienen la intención de abrir nuestros ojos a quién es nuestro Creador y quiénes somos nosotros en Cristo, para que podamos aprender una lección de humildad, crecer en justicia y reflejar más su misma imagen. No es hasta que nos humillamos y vemos lo poco que realmente merecemos, que empezamos a comprender las increíbles bendiciones que tenemos en Cristo, tanto ahora como en la eternidad. Como lo hizo en la vida de Job, Dios usa nuestro sufrimiento para cultivar el fruto de la humildad a fin de que, a su debido tiempo, nos levante y tengamos más libertad y gozo incluso en medio de nuestras dificultades. Pedro lo expresó de esta manera: "Humillaos, pues, bajo la poderosa mano de Dios, para que él os exalte cuando fuere tiempo;

echando toda vuestra ansiedad sobre él, porque él tiene cuidado de vosotros" (1 Pedro 5:6-7).

Aunque el mundo nos incita a enaltecernos, Dios nos pide que nos humillemos. En la economía de Dios, el camino hacia arriba es el camino hacia abajo; la manera de crecer es menguar; y para ser fuertes debemos acudir a Él en nuestra debilidad. Porque Dios promete hacer posible lo que nos exhorta a hacer, permite que el sufrimiento produzca en nosotros una humildad que no podemos producir en nosotros mismos para exaltarnos con Él en su gloria.

El camino hacia la humildad puede ser difícil, pero es el camino de la gracia de Dios. Él permite que el sufrimiento nos humille para que, con el tiempo, seamos engrandecidos en Cristo y hechos semejantes a Él.

CÓMO AYUDA LA HUMILDAD A TU MATRIMONIO

Aunque no disfrutamos de una lección de humildad, disfrutaremos de ser humildes y nuestro matrimonio disfrutará del producto de nuestra humildad. Cuanto más vemos a Dios y aprendemos la humildad, más comenzamos a reflejar su carácter. Y cuanto más reflejemos a Cristo, más seremos una bendición para nuestro esposo o esposa.

Lo sé por experiencia propia. Aunque tenemos un largo camino por recorrer, la obra de humildad que Dios ha hecho en Sarah y en mí a través de nuestras diferentes pruebas ha sido una lucha muy reñida, pero una valiosa bendición para nuestro matrimonio. Con el tiempo, ha aumentado nuestra compasión mutua en medio de la aflicción y respondemos a nuestras pruebas de diferentes maneras. Ha aumentado nuestra paciencia uno con el otro mientras luchamos con nuestras propias debilidades y nuestros propios pecados. Nos ha llevado a orar con más constancia y a darnos cuenta de que no tenemos la capacidad de cambiar o ayudarnos el uno al otro, a nuestro matrimonio o a nuestras circunstancias sin la ayuda de Dios. Crecer en humildad nos ha llevado a comunicarnos con más sinceridad y a escucharnos más abiertamente, al entender que, aunque las luchas y las heridas sucederán, nos honramos el uno al otro y al Señor cuando dialogamos y tratamos de empatizar el uno con el otro, y luego enfrentamos nuestras

La humildad significa ser más rápido para ver mis debilidades que para ver los errores de mi cónyuge, y significa escudriñar lo que Dios está haciendo cuando llega una nueva tormenta y aceptar que a veces no tendré la respuesta.

pruebas juntos. Y, por último, pero ciertamente no menos importante, el fruto de la humildad a través de nuestras pruebas nos ha enseñado a ser más rápidos para disculparnos y más rápidos para perdonar, al darnos cuenta de que no somos merecedores, pero dependemos de la gracia y el perdón de Cristo.

El camino ha sido difícil y todavía nos queda mucho por recorrer, pero, por la gracia de Dios, el fruto de la humildad continuará transformando nuestro matrimonio y nuestra perspectiva sobre las dificultades que enfrentamos en nuestro matrimonio.

Sin embargo, para que eso suceda, tengo que mantenerme dispuesto a ser humilde. Eso significa ser más rápido para mirar hacia dentro y ver mis debilidades y las áreas en las que necesito arrepentirme, y menos rápido para ver los errores de Sarah. Significa aceptar que no he llegado ya. Significa escudriñar lo que Dios está haciendo cuando llega una nueva tormenta y aceptar que a veces no tendré la respuesta. Las pruebas en y alrededor de mi matrimonio no traerán humildad de manera automática; las pruebas también pueden alimentar el orgullo, la autocompasión y la desilusión o amargura uno con el otro. Tengo que decidir que, por mi parte, dejaré que Dios me moldee y no me endurezca contra Él ni Sarah.

Hermano y hermana, no pienso que conozco o entiendo las dificultades o pruebas que estás enfrentando, y ciertamente no tengo todas las respuestas para ellas. Sin embargo, sé que las pruebas de tu vida y tu matrimonio pueden llevarte a una mayor dependencia de Cristo. Permite que tus pérdidas y decepciones te recuerden quién no eres y quién es Dios. Resiste la tentación del sufrimiento de ponerte en el centro, como Job había comenzado a hacer, como si tú —o tu cónyuge— fueras la persona más importante del mundo, como Job había comenzado a hacer. Recuerda que los planes de Dios son mayores que los nuestros y Él sabe lo que nosotros no sabemos. Entonces serás más humilde, reflejarás más a Cristo y, como resultado, serás una bendición para tu cónyuge.

¿Te unes a mí en esta oración?

Cueste lo que cueste, Señor, enséñanos a ser humildes, a depender de ti, a deleitarnos en ti, a desearte y confiar en ti como Señor.

Nada se escapa del poder de Dios para transformar y renovarnos. Él puede sanar al quebrantado, restaurar y proteger matrimonios y traer bendiciones del sufrimiento. Sin embargo, comienza cuando nos presentamos ante Él con humildad y fe, y si esa no ha sido tu perspectiva hasta este momento, entonces no hay mejor día para comenzar a transitar este camino que hoy.

REFLEXIÓN

1. Después de leer este capítulo, ¿todavía te resulta difícil ver la humildad como una bendición? Si es así, es bueno preguntarse: "¿Preferiría disfrutar de bienestar ahora y no experimentar las bendiciones eternas que Cristo quiere darme, o estoy dispuesto a confiar en el Señor en lo que ahora es difícil, al saber que al final me esperan mayores bendiciones?".

____

____

____

____

____

2. ¿Estás atravesando alguna lucha en tu matrimonio donde el orgullo es el centro? ¿Estás tratando de controlar una situación y no estás dispuesto a escuchar la opinión de tu cónyuge? ¿Estás buscando tu propio bienestar sobre lo que es mejor para tu cónyuge y tu matrimonio?

____

____

____

____

3. ¿De qué manera has visto a Dios usar tus pruebas para producir humildad en tu vida y tu matrimonio? ¿Cómo te anima esto?

____

____

____

____

____

____

4. (Juntos, si es posible) De la sección de este capítulo sobre "Cómo ayuda la humildad a tu matrimonio", ¿de qué una o dos maneras pueden ver que Dios está desarrollando humildad en sus corazones?

____

____

____

____

____

____

ORACIÓN

Jesús, admito que muchas veces deseo mi propia gloria por encima de la tuya. Prefiero ser fuerte que sentir mi debilidad; y prefiero discutir que tengo la razón que admitir humildemente cuando estoy equivocado. Ayúdame a ver que la humildad es una bendición y usa estas pruebas para producir el fruto de la humildad en mí y en mi matrimonio. Cueste lo que cueste, ayúdame a no desperdiciar estos días difíciles, sino a confiar en que los estás usando en mi vida para que te vea y conozca con una fe más profunda y dependiente de ti. Cueste lo que cueste, recuérdame que mi matrimonio y esta vida no se tratan de mí y que yo no tengo el control. Cueste lo que cueste, enséñame la humildad y pruébame para que mi corazón rebose en adoración, alabanza y gloria a ti. Cueste lo que cueste, déjame sentir mi necesidad de ti para que pueda encontrar mi completa satisfacción y gozo solo en ti. Cueste lo que cueste, que tu Espíritu me guíe en obediencia y fidelidad para renunciar a mis anhelos y deseos en mi matrimonio y considerar a mi cónyuge más importante que yo. Amén.

Para reflexión adicional, lee Deuteronomio 8:2-10, 16; Salmos 25:9; Filipenses 2:3-8; Santiago 4:6-10; 1 Pedro 5:5-8.

CAPÍTULO 24

El adhesivo que los mantiene unidos: El perdón

*Tomen ahora siete toros y siete carneros, y vayan con
mi siervo Job y ofrezcan un holocausto por ustedes
mismos. Mi siervo Job orará por ustedes, y yo atenderé
a su oración y no los haré quedar en vergüenza.*

JOB 42:8, NVI

Me retorcía en mi asiento mientras nuestro pastor hablaba sobre la importancia de la sinceridad y el perdón en el matrimonio, cuando un pensamiento vino a mi mente.

"Has pecado contra Jeff, Sarah".

La convicción del Espíritu Santo se revolvía en mis entrañas, por mucho que tratara de evadirlo. *No tiene sentido decírselo a Jeff. Solo le hará daño. Además, es entre el Señor y yo* —pensé. Las siguientes palabras que salieron de la boca del pastor parecían dirigidas directamente a mí: "¿Hay algo entre tú y tu cónyuge sobre lo que debas sincerarte? No creas la mentira de que es mejor mantenerlo en secreto". Sabía que el Señor me estaba pidiendo que me humillara y confesara mi lucha con este pecado en particular, no solo al Señor, sino también a Jeff.

Más tarde, entre lágrimas, le conté a Jeff este pecado que había cometido contra él y le pedí perdón. A pesar del miedo, una canasta llena de excusas y la humillación que me gritaba que me detuviera, admití que estaba equivocada y estaba dispuesta a aceptar las consecuencias.

Y Jeff me perdonó. Estaba herido, pero también fue compasivo y gentil. No siempre hemos sido tan rápidos en confesar y arrepentirnos, o tan rápidos en perdonar y restaurar nuestra relación; pero esta vez lo hicimos, y eso hizo que nuestro matrimonio fuera mucho más fuerte que si hubiéramos continuado con pecados ocultos o heridas no resueltas. El perdón es esencial, incluso cuando, especialmente cuando, va en contra de nuestra propia naturaleza. Si has estado casado por más de veinticuatro horas, estoy segura de que podrás identificarte conmigo.

Cuando hay presión, nuestras tendencias pecaminosas naturales salen a la superficie. El calor revela las imperfecciones antes de quemarlas, por lo que el perdón se convierte en la clave de nuestras pruebas. Nosotros (como individuos y como pareja) no nos volvemos más pecadores de repente cuando llega la tormenta. Ya éramos pecadores, pero la tormenta lo expone. Por lo tanto, un libro sobre el matrimonio necesita un capítulo sobre el perdón. Job 42:7-9 (NVI) es una parte muy interesante de la conclusión, y felizmente toca varios aspectos del perdón:

> *Después de haberle dicho todo esto a Job, el SEÑOR se dirigió a Elifaz de Temán y le dijo: "Estoy muy irritado contigo y con tus dos amigos porque, a diferencia de mi siervo Job, lo que ustedes han dicho de mí no es verdad. Tomen ahora siete toros y siete carneros, y vayan con mi siervo Job y ofrezcan un holocausto por ustedes mismos. Mi siervo Job orará por ustedes, y yo atenderé a su oración y no los haré quedar en vergüenza. Y conste que, a diferencia de mi siervo Job, lo que ustedes han dicho de mí no es verdad".*
>
> *Elifaz de Temán, Bildad de Súah y Zofar de Namat fueron y cumplieron con lo que el SEÑOR les había ordenado, y el SEÑOR atendió a la oración de Job.*

Esto me resulta fascinante (¡aunque un poco complejo!) e increíblemente útil para comprender las facetas del arrepentimiento y el perdón, tanto con Dios como entre nosotros. A continuación presentamos algunas formas de poner en práctica lo que Dios dice a Job en nuestra propia vida y nuestro matrimonio.

ASÍ COMO DIOS TE PERDONÓ EN CRISTO

Este pasaje de Job nos muestra lo que se necesita para recibir el perdón de Dios. Necesitas un sacrificio que lleve el juicio de Dios por tu pecado —la muerte— en tu lugar. Y necesitas un mediador para interceder por ti ante Dios, para que Dios "[atienda] a su oración y [no te haga] quedar en vergüenza" (v. 8). Este perdón es lo que Dios está brindando a los orgullosos y presuntuosos amigos de Job aquí.

El sacrificio que iban a ofrecer los amigos de Job (siete toros y siete carneros) era muy costoso, pero seguían siendo solo animales. Y el mediador que intercedería ante Dios por ellos era justo, pero Job no dejaba de ser un ser humano imperfecto. Ambas son figuras de lo que vendría: el sacrificio supremo donde Dios en Cristo llevaría su propio juicio; y al mediador supremo, el propio Hijo de Dios, que se ofrece en sacrificio de sí mismo a Dios e intercede por nosotros.

¿Alguna vez te has dado cuenta de lo que necesitó Dios para perdonarte? Solo si te asombra el perdón de Dios por ti y lo que le costó en Cristo, estarás en la condición de poder perdonar: pagar el precio de renunciar a tu propio derecho a estar enojado y ofendido para que la relación se pueda restaurar. Por eso el Nuevo Testamento a menudo vincula el perdón de Dios a nosotros con nuestro perdón a los demás: "Antes sed benignos unos con otros, misericordiosos, perdonándoos unos a otros, como Dios también os perdonó a vosotros en Cristo" (Efesios 4:32).

Cuando no estamos dispuestos a perdonar, es porque nos hemos olvidado de que nosotros mismos necesitamos el perdón divino. Cuando decimos que no podemos perdonar, en realidad estamos diciendo que no pagaremos el precio, a pesar del precio que Dios pagó para perdonarnos.

LA DIFERENCIA ENTRE EL PERDÓN VERTICAL Y EL HORIZONTAL

Sin embargo, si no tenemos cuidado, podríamos leer este pasaje de Job y simplificar demasiado el perdón, al pensar que, si decidimos perdonar (o pedir perdón) como Dios manda, vendrá la restauración y todo irá bien.

No obstante, la mayoría de las veces, eso dista mucho de lo que experimentamos. Entonces, naturalmente, luchamos con preguntas como: ¿Qué pasa si nuestro cónyuge no se arrepiente? ¿Aun así debemos perdonar a nuestro cónyuge?

Descubrí *Forgiving Others* [Perdonar a los demás], un breve libro del autor y consejero Timothy Lane, sumamente útil para comprender la diferencia entre el perdón vertical (entre nosotros y Dios) y el perdón horizontal (entre nosotros y los demás). Señala dos versículos que parecen contradecirse, pero que de hecho nos ayudan a caminar sabiamente mientras buscamos la reconciliación:

Y cuando estén orando, si tienen algo contra alguien, perdónenlo, para que también su Padre que está en el cielo les perdone a ustedes sus pecados (Marcos 11:25, NVI).

Mirad por vosotros mismos. Si tu hermano pecare contra ti, repréndele; y si se arrepintiere, perdónale (Lucas 17:3).

El Dr. Lane escribe:

Estos dos versículos parecen contradecirse, entonces, ¿cuál dice la verdad? ¡Ambos! En estos dos versículos tenemos dos ejes del perdón: el vertical y el horizontal. En Marcos 11:25 vemos el eje vertical: el hombre hacia Dios. Se trata de la actitud de mi propio corazón hacia la persona ante Dios. Me llama a arrepentirme de la amargura y perdonar. El perdón como actitud (la dimensión vertical) debe estar presente primero en mi corazón.

Lucas 17:3, por otro lado, habla del eje horizontal del perdón: persona a persona. El perdón como transacción entre dos personas solo es posible si el ofensor se arrepiente, admite el pecado y pide perdón. Sin embargo, aunque el ofensor no se arrepienta, la persona ofendida debe mantener una actitud de perdón en su dimensión vertical. No se puede utilizar el hecho de que el ofensor no pida perdón como excusa para aferrarse al enojo y la ofensa" (p. 15).

Esta distinción me resulta muy útil. En el libro de Job, Dios fue quien movió a los amigos de Job al arrepentimiento. Job los había confrontado con razón por sus acusaciones hirientes (Job 21:27, 34), pero no podía hacerles ver su pecado y no podía forzar su arrepentimiento. Sin embargo, cuando Dios enfrentó su pecado, el corazón de Job se preparó en un sentido vertical para orar por ellos y restaurar la relación con sus amigos en un sentido horizontal.

Lo mismo es cierto para nosotros en el matrimonio. Deberíamos ser sinceros con nuestro cónyuge sobre cómo nos ha lastimado u ofendido, pero no podemos obligarlo a ver su pecado, arrepentirse y comenzar el proceso de reconciliación y sanidad. Sin embargo, si confiamos en que Espíritu Santo nos dará el poder de perdonar en el sentido vertical, estaremos listos para perdonar y reconciliarnos cuando o si nos piden perdón.

Sin embargo, puede haber ocasiones en que un cónyuge decida continuar en su pecado, por lo que comprender el perdón vertical y horizontal nos ayudará a atravesar esa situación con sabiduría. Primero, entender que somos llamados a perdonar y confiar el pecado de nuestro cónyuge al Señor nos guarda de la amargura y el enojo que echarán raíces si no estamos dispuestos a perdonarlo/a ante el Señor, quien un día pedirá cuenta de todos los pecados (excepto los perdonados en Cristo).

Segundo, comprender lo que dice y no dice la Palabra de Dios sobre el perdón nos ayudará a desenvolvernos en nuestro matrimonio cuando nuestro cónyuge continúa actuando de manera hiriente y obstinada. Puede haber ocasiones cuando necesitemos buscar ayuda externa o incluso alejarnos de la situación por un tiempo (bajo la guía de nuestra iglesia local o las autoridades gubernamentales si ha ocurrido algún tipo de abuso) para dar lugar a que ocurra el arrepentimiento. El mandato de perdonar no es una exigencia de que permanezcamos en una situación insalubre y de indefensión. En realidad, no es amor en absoluto permanecer en una situación que permite el pecado continuo de otra persona y, aunque podemos perdonar en el sentido vertical, es sabio y amoroso tomar las medidas necesarias para buscar ayuda externa y consejo bíblico con la esperanza de una eventual restauración. Aunque Dios siempre nos ordena perdonar en nuestro corazón ante Él, no podemos forzar el arrepentimiento y la reconciliación de un cónyuge que no está dispuesto a hacerlo. Cuando Pablo nos dice que vivamos en paz con los demás, introduce el mandato con ocho palabras cruciales: "*Si es posible, en cuanto dependa de vosotros*, estad en paz con todos los hombres" (Romanos 12:18, cursivas añadidas).

EL PERDÓN ES UN ACTO Y UN PROCESO

Me pregunto si alguna vez Job luchó con la tentación de recordar cómo sus amigos, su familia y su esposa aumentaron su desdicha en sus momentos más bajos. Sé que yo sí lo habría hecho.

De modo que debo recordar que el perdón es tanto un acto como un proceso. Aquí está Timothy Lane otra vez:

> *Cuando perdonamos a alguien, es un acto: "Te perdono". Sin embargo, ese no es el final del asunto. Cada vez que recuerdo la ofensa, debo seguir perdonando. "Te perdono y te seguiré perdonando" (pp. 8-9).*

Decidir perdonar no significa necesariamente que el dolor, la falta de confianza o el enojo desaparecerán de repente. El perdón es un proceso que puede tomar tiempo, mientras confiamos que la fortaleza de Cristo nos permita renunciar continuamente a nuestro dolor y enojo, luchar contra la tentación de recordar la ofensa, estar dispuestos a ver nuestro propio pecado como el de la otra persona y tratar de reconstruir la confianza.

En el matrimonio, es importante recordar esto cuando has sido herido, pero también es bueno recordar cuando has sido tú quien ha herido a tu cónyuge. Incluso si te ha perdonado como "un acto", debes ser paciente con él o ella porque la recuperación y restauración de la confianza llevan tiempo. Con paciencia, oración y la ayuda del Espíritu Santo, Dios puede redimir y restaurar el quebranto y el daño causado por nuestro pecado, pero a menudo se necesitará tiempo y una voluntad constante —tanto del esposo como de la esposa— de confiar en la fortaleza de Cristo y en su poder de sanidad.

UN MATRIMONIO MARCADO POR EL PERDÓN

A menos que tú y tu cónyuge sean perfectos (¡lo cual es poco probable!), para tener un matrimonio feliz tendrá que haber tanto sinceridad (sobre cómo tu cónyuge te ha lastimado, pero también sobre cómo tú has pecado contra él o ella) como perdón (de ambas partes). Debemos estar dispuestos a pensar lo mejor del otro y ser lentos para reaccionar ante las faltas del otro, sin pensar lo peor o atribuir motivos sospechosos a las acciones del otro. Sin embargo, a veces tendremos que tener en cuenta las debilidades de nuestro cónyuge en pro de la unidad (Efesios 4:2-3).

Aquí hay algunas preguntas para considerar de manera individual, y luego, si puedes, para responder con tu cónyuge:

1. *¿Estoy molesto o amargado por algo que en realidad no necesita perdón?* Mucho de lo que produce tensión y enojo en un matrimonio es a causa de que un esposo y una esposa son dos personas diferentes, que responden de manera diferente y se comunican de manera diferente sobre las alegrías y las tristezas. ¿Has considerado pecado las diferencias de tu cónyuge? ¿O has estado alimentando un motivo de queja como algo más grande que cualquier pecado que pudiera haberse cometido?
2. *¿Debo pedir perdón por algo en lugar de insistir en mis justificaciones y orgullo?* (Y pregunta a tu cónyuge: ¿Hay áreas de dolor de las que no me has hablado porque te preocupan mis excusas, enojo, represalias o negación?).
3. *¿Debo perdonar algo en lugar de insistir en mi dolor y mi enojo?*
4. *¿Debo recibir el perdón en lugar de castigarme a causa de algo por lo que Cristo murió?*

Amigos, aprender a dar y recibir perdón es una de las mejores formas de vivir el evangelio en el matrimonio. Crece en gratitud por lo que Cristo ha hecho por ti y motívate a amar y perdonar incondicionalmente al que está a tu lado, porque un matrimonio que destila perdón y gracia es un matrimonio que experimentará las riquezas de la paz, la unidad y la vida de Dios.

REFLEXIÓN

1. ¿Este capítulo ha cambiado tu perspectiva del perdón de alguna manera?

2. ¿Existe un área donde has extendido el perdón o has recibido el perdón, pero aún continúas luchando con el dolor, la falta de confianza o la vergüenza? ¿De qué manera entender la diferencia del perdón como un acto y un proceso puede ayudarte a seguir adelante?

3. (Juntos, si es posible) Respondan las cuatro preguntas de la
   página 269. (Puede que les resulte más provechoso responderlas
   de manera individual y luego leer sus respuestas y escucharse uno
   al otro).

ORACIÓN

Jesús, gracias por amarme hasta el punto de sacrificar tu propia vida para que yo pueda recibir el perdón y un nuevo corazón y vida en ti. Aunque eso debería hacerme más rápido para perdonar y pedir perdón a mi cónyuge y a los demás, admito que todavía tengo dificultades para hacerlo a veces. Ayúdame a comprender cuánta gracia y perdón he recibido a costa de semejante precio para ti, y ayúdame a brindar y recibir esa gracia y perdón hacia y de otros tanto en el sentido vertical como en el horizontal (siempre que sea posible). Quiero que mi matrimonio esté lleno de tolerancia, arrepentimiento, perdón y reconciliación cuando sea necesario, y necesito que nos ayudes, ambos lo necesitamos. Danos tu gracia para permitirnos crecer en esta área, experimentar las bendiciones de ello y ser un reflejo de tu evangelio. Amén.

Para reflexión adicional, lee Salmos 103:10-14; Proverbios 28:13; Miqueas 7:18-19; Mateo 18:20-35; 1 Juan 1:9.

CAPÍTULO 25

Lo mejor está por llegar

Y aumentó al doble todas las cosas que habían sido de Job...
Y bendijo Jehová el postrer estado de Job más que el primero.
JOB 42:10, 12

En los últimos siete versículos del libro de Job, el Señor "aumentó al doble todas las cosas que habían sido de Job" (v. 10). Es un final feliz: termina más bendecido de lo que comenzó, con el doble de animales, otros diez hijos y muchos años más de una vida plena (vv. 12-13, 16-17). Job tuvo un final feliz, y eso es difícil si sientes que no hay un final feliz para ti a la vista. "Está bien, pero ¿y yo? —preguntamos—. ¿Se restaurará mi matrimonio? ¿Se sanará mi cuerpo alguna vez? ¿Recuperaré mis pérdidas alguna vez? ¿Cómo no perder la esperanza?". Tal vez sientas la tentación a desanimarte.

Hermano, hermana, estamos contigo. Nos encantaría poder terminar este libro y decirte que hemos experimentado la restauración de nuestras numerosas pruebas como lo experimentó Job al final, pero no es así. Nuestros cuerpos todavía están enfermos, nuestros hijos todavía sufren, nuestras finanzas se siguen agotando, nuestro matrimonio todavía necesita dedicación y, desde esta semana, ¡nuestra casa está infestada de pulgas! Esta no es nuestra idea de restauración y redención.

Y, sin embargo, al mismo tiempo, no hemos perdido la esperanza y el gozo. Dios ha hecho y está haciendo una gran obra de redención y restauración. Está cambiando nuestro corazón, está haciendo crecer nuestro matrimonio, está aumentando nuestro amor por su Hijo y nos está llenando con la expectativa de la restauración eterna venidera. Y la verdad es que nosotros, y tú, podemos esperar algo mucho mejor que los últimos siete versículos de Job.

UNA ESPERANZA QUE VALE LA PENA PERSEGUIR

La vida cristiana tiene que ver con la esperanza futura. Terminaremos, como termina Job, con una restauración. Juan describe nuestra esperanza futura en Apocalipsis 21:1-4:

> *Vi un cielo nuevo y una tierra nueva; porque el primer cielo y la primera tierra pasaron, y el mar ya no existía más. Y yo Juan vi la santa ciudad, la nueva Jerusalén, descender del cielo, de Dios, dispuesta como una esposa ataviada para su marido. Y oí una gran voz del cielo que decía: He aquí el tabernáculo de Dios con los hombres, y él morará con ellos; y ellos serán su pueblo, y Dios mismo estará con ellos como su Dios. Enjugará Dios toda lágrima de los ojos de ellos; y ya no habrá muerte, ni habrá más llanto, ni clamor, ni dolor; porque las primeras cosas pasaron.*

Un día, el dolor, las lágrimas, el sufrimiento, las desilusiones, las enfermedades, la muerte, las luchas y el pecado dejarán de existir, y cada cristiano estará en la presencia de Jesús. Nuestros matrimonios imperfectos serán reemplazados por el matrimonio perfecto de Cristo con los suyos; las familias disfuncionales y rotas serán reemplazadas por una perfecta unidad y amor en toda la familia de Dios; y nuestros cuerpos rotos serán reemplazados por cuerpos indoloros, sanos y eternos. Ya no habrá necesidad de médicos, medicinas ni funerales; no más relaciones conflictivas, hogares rotos o seres amados perdidos; y no más miedos, fracasos o pecados. Y nada de eso es el mejor regalo. El punto culminante de la nueva creación será que finalmente viviremos en la presencia de Cristo, estaremos cara a cara y experimentaremos la plenitud de su gloria. Nuestra fe al final se convertirá en vista y viviremos en un mundo que no necesita del sol, porque Cristo mismo será nuestra luz. Caminaremos con Él, hablaremos con Él y disfrutaremos con Él para siempre. Jesús enjugará toda lágrima de nuestros ojos, nuestro dolor no existirá más y nuestra justicia será íntegra en su presencia. Aunque es difícil entender, es la esperanza a la que debemos aferrarnos mientras atravesamos las tormentas para llegar a nuestro hogar celestial.

LA VIDA EN ESTA TIERRA INTERMEDIA

Dios puede restaurar nuestras pérdidas ahora si así lo desea (y debemos orar con ese fin, estar atentos y agradecidos cuando lo veamos), pero algunas cosas no serán restauradas en esta tierra. Lo mismo sucedió con el mismo Job. Aunque Dios lo bendijo y le devolvió el doble de lo que tenía antes en términos de animales, le dio la misma cantidad de hijos que había perdido anteriormente. ¿Por qué no le dio el doble de hijos también? Quizás porque los diez preciosos hijos que había perdido lo esperaban en la gloria.

Aunque tendemos a concentrarnos en todo lo que Dios restauró a Job y a su esposa (lo que nos recuerda su gran compasión), debemos recordar que parte de lo que perdieron no se le restauró durante su vida (lo cual nos recuerda que este no es nuestro hogar). Aunque estoy seguro de que se regocijaron y amaron a sus nuevos diez hijos, Job y su esposa no pudieron reemplazar (ni recuperaron) a los hijos que habían perdido. En cambio, disfrutaron de lo que Dios había restaurado en su vida terrenal, mientras es de suponer que todavía anhelaban el día en que se reunirían con sus hijos en la restauración de todas las cosas.

Hermano o hermana, tenemos que recordar esto, tanto en la vida como en el matrimonio. Hasta que lleguemos a nuestro hogar celestial, viviremos en esta tierra intermedia como el pueblo redimido de Dios en un mundo caído, en camino hacia uno perfecto. Eso significa lamentar las pérdidas que tal vez no recuperemos durante nuestra vida. Significa orar y buscar el crecimiento y la restauración siempre que sea posible; pero, sobre todo, significa no aferrarnos a nada y confiar en que Cristo está obrando de maneras que a menudo no podemos comprender, para reconciliarnos con Él mismo, a fin de desarrollar más gozo y satisfacción en Él, para prepararnos para la vida en nuestro hogar celestial y fortalecer nuestro matrimonio a través de las tormentas.

Por lo tanto, no pierdas la esperanza ahora. Las cosas pueden cambiar; Dios puede obrar; mañana puede ser mejor que hoy; pero tampoco apuestes todas tus esperanzas al aquí y ahora. Espera y ora con la expectativa de que Él puede restaurar, sanar y redimir tus circunstancias y tu matrimonio en el momento perfecto; pero hazlo con la certeza de que, un día, Él restaurará y redimirá todas las cosas a la perfección en su presencia. Es una verdad para todo cristiano que "el Dios de toda gracia, que nos llamó a su gloria eterna en Jesucristo, después que [hayamos] padecido un poco de tiempo, él mismo [nos] perfeccione, afirme, fortalezca y establezca" (1 Pedro 5:10).

Esto es lo que Job vislumbró y lo que confiaba que Dios haría. Antes que Job viera la bendición terrenal y la restauración mencionada en Job 42, ya había descubierto que tenía lo que más necesitaba: al Dios vivo y redentor, que estaría en esta tierra y viviría con su pueblo después del juicio (19:25); el Dios todopoderoso, completamente soberano y totalmente bueno (42:2-6). Job pudo alzar su vista y mirar hacia adelante incluso a lo profundo y también a lo alto.

Nosotros, sea lo que sea que nos falte o suframos, tenemos más razones que Job para hacer lo mismo. Podemos mirar atrás a la resurrección de Jesús para asegurarnos que Aquel en quien estamos poniendo nuestras esperanzas es real y poderoso y cumple sus promesas. Es la resurrección de la que Pedro habló a sus amigos que sufrían y los instó a alzar sus ojos y mirar adelante:

> *Bendito el Dios y Padre de nuestro Señor Jesucristo, que según su grande misericordia nos hizo renacer para una esperanza viva, por la resurrección de Jesucristo de los muertos, para una herencia incorruptible, incontaminada e inmarcesible, reservada en los cielos para vosotros, que sois guardados por el poder de Dios mediante la fe, para alcanzar la salvación que está preparada para ser manifestada en el tiempo postrero (1 Pedro 1:3-5).*

Entonces, cualquier otra cosa que hagas y cualquier otra cosa que se te presente, pon y luego mantén tu fe en este Dios que Job conocía. Es posible que la restauración, quizás más allá de tu imaginación, llegue a tu matrimonio o a tus circunstancias. Sin embargo, puede que no, porque este es un mundo caído y con frecuencia confuso. No se puede controlar tal restauración ni exigirla. Tu parte es aferrarte a Cristo, sea cual sea tu situación o el estado de tu matrimonio, determinar, con la ayuda de Dios, alzar tus ojos y mirar hacia adelante. Esto, ya sea que tu cónyuge lo aprecie o no, es lo mejor que puedes hacer por tu matrimonio y por sus almas.

JUNTOS A TRAVÉS DE LAS TORMENTAS

(*Jeff*) Mientras Sarah y yo seguimos transitando nuestro propio camino difícil, uno que ha puesto a prueba nuestra fe y nuestro matrimonio en todo momento, hemos visto la fidelidad de Dios que nos ha ayudado a seguir adelante, humillarnos, cambiar y crecer. No ha sido fácil ni lo que esperábamos, y ciertamente no ha estado en nuestros planes para este tiempo, pero cuando dejamos de mirarnos a nosotros mismos y uno al otro, y ponemos nuestros ojos en Cristo, podemos ver que Él ha estado haciendo una obra de restauración en nuestro corazón y nuestro matrimonio, y ha profundizado nuestro anhelo de Él por encima de todo. Como pecadores, todavía nos fallamos uno al otro. Luchamos con lo que no entendemos y anhelamos tener un alivio de nuestras pruebas terrenales; pero, por la gracia de Dios, las tormentas que enfrentamos no nos han destruido. En cambio, nos están acercando cada vez más al amor, el consuelo y la fortaleza de Cristo, donde estamos descubriendo una fuente sorprendente y continua de restauración y bendición en nuestro matrimonio, incluso mientras anhelamos nuestro hogar eterno.

Así que cuando llegamos a la sección final del último capítulo, me encantaría que dejaras el libro un momento y reflexionaras sobre lo que has leído y aprendido a lo largo del mismo. Pide al Espíritu Santo que te muestre algunos cambios específicos que puedes hacer en tu matrimonio. En lugar de concentrarte en las tormentas que vienen contra y se levantan dentro de tu matrimonio, que pueden parecer insuperables, piensa en algunas cosas (y pueden ser cosas bastante pequeñas) que puedes hacer de manera constructiva, cambiar o comprometerte a hacer. La perfección no es nuestro objetivo, pero buscar un crecimiento y dar pasos prácticos de fe no solo serán una bendición para tu vida, sino también para tu matrimonio.

Luego escríbelos, lo que te ayudará a hacerlo específicamente y te animará a comprometerte a hacerlo.

Si puedes, háblalo con tu cónyuge y pídele que te ayude, te anime, te motive y ore por ti. Idealmente, piensen en una forma de buscar el cambio juntos.

No obstante, si eso no es posible, comprométete a trabajar en aquellas áreas donde te gustaría crecer con la ayuda del Señor, para agradar a Cristo mientras sirves y amas a tu cónyuge.

> *Creyente, la fuente de tu gozo nunca se seca. Si, como Jonás, tus plantas se marchitan (Jonás 4:7), tu Dios aun así vive. Si, como Job, saquearon tus bienes (Job 1:15), el bien supremo sigue siendo tuyo. ¿Están secos los ríos? El océano está lleno. ¿Se escondieron las estrellas? El sol celestial brilla con luz eterna. Tienes una posesión que no se desvanece, una promesa infalible y un Protector que no cambia. Aunque vives en un mundo sin fe, permaneces en un Dios fiel (C. H. Spurgeon, Beside Still Waters, p. 153).*

En profundas pruebas, Job aprendió más sobre quién era y es Dios. Permite que te ocurra lo mismo mientras atraviesas esta difícil temporada. Permite que tu matrimonio sea un lugar donde aprendas más sobre quién es Dios, confía en Él y sigue adelante con fe hacia el día en que verás a Jesús. Que cuando llegues allí, puedas mirar atrás y veas que tu matrimonio ha sido uno que soportó las pruebas, donde se aferraron a Cristo, se animaron mutuamente, mostraron a Jesús y llegaron a ver y conocer la infinita fidelidad y bondad de Dios juntos a través de las tormentas.

REFLEXIÓN

1. ¿Te ha redimido la sangre de Cristo? Si es así, alaba a Dios porque estás seguro/a en Él. Si aún no lo has hecho, ¿qué te impide reconocer a Jesús como tu Señor, Salvador y Redentor? ¿Por qué no le pides que te permita no solo oír hablar de Él, sino también verlo realmente por quién es y por cuánta bendición se encuentra en Él?

2. ¿Qué pérdidas has visto a Cristo restaurar o redimir en tu vida? ¡Da gracias por eso! ¿Qué áreas deseas verlo restaurar? Ora y pide que Dios las restaure en su tiempo. ¿Qué áreas son imposibles de restaurar en tu vida? Exprésale tu dolor a Cristo y agradécele porque algún día llegará la restauración de todas las cosas.

3. (Juntos, si es posible) Conversen sobre qué les ha tocado más a medida que leían cada capítulo. ¿Qué ha sido un reto, qué ha sido de aliento y qué les ha mostrado Dios a lo largo del camino? De forma individual o juntos, hagan una lista práctica de algunos cambios específicos que les gustaría hacer en su matrimonio y las áreas por las que se comprometen a orar. Dialoguen sobre lo que los emociona y los consuela mientras esperan la restauración que vendrá cuando Cristo regrese. Si ambos están dispuestos a hacerlo, oren juntos por la restauración en el aquí y ahora, ¡y luego gócense en la restauración prometida que ha de venir!

ORACIÓN

Jesús, gracias por dar tu vida para redimirme y reconciliarme contigo. Aunque a veces me cuesta aceptar y comprender las pruebas que has permitido en mi vida y en mi matrimonio, te doy gracias porque prometes obrar en ellas y usarlas para mi bien, y algún día restaurarás y redimirás cada pérdida, lágrima, dolor y sufrimiento en tu presencia. Como he visto en el libro de Job, eres soberano, fiel y bueno, incluso cuando no puedo entenderte ni entender mis circunstancias. Jesús, deseo la restauración en el aquí y ahora, y anhelo la restauración venidera. Ayúdame a confiar en ti mientras espero y, como Job, permíteme experimentar el gozo y la bendición más grande: el de llegar a verte y conocerte como nunca antes. Aunque no prometes un matrimonio perfecto en esta tierra, te ruego que no permitas que estas pruebas destruyan nuestro matrimonio, sino que puedan cambiarnos para ser más como tú y, como resultado, amarnos, servirnos y valorarnos uno al otro. Gracias porque algún día podré mirar atrás con asombro y gratitud por todo lo que has hecho a través de estas pruebas. Mientras tanto, ayúdanos a caminar juntos más fuertes a través de estas tormentas. Amén.

Para reflexión adicional, lee Salmos 66:5-12, 16-20; Isaías 54:4-14; 57:18-19; Gálatas 2:20; 3:13; 4:4-6.

Reconocimientos

Ante todo, damos toda la gloria y el honor a nuestro Señor y Salvador, Jesucristo. Sin su gracia salvadora y fiel provisión, no existiría ni una palabra de este libro. Que solo Él sea glorificado en y a través de estas páginas.

Gracias a The Good Book Company no solo por ofrecernos esta oportunidad, sino también por permitirnos trabajar junto a un grupo tan extraordinario de hombres y mujeres sensibles talentosos y genuinos. Cada uno de ustedes es un regalo para el cuerpo de Cristo y es un placer trabajar con ustedes.

Hay muy pocas palabras que puedan expresar nuestra inmensa gratitud a Carl Laferton, nuestro editor, hermano en Cristo y amigo. Gracias por tu paciencia, sabiduría y gentileza, que hicieron posible, y nos atrevemos a decir agradable, escribir un libro en una de las épocas más difíciles de la vida. No solo hiciste de este un libro mucho mejor de lo que podría haber sido sin ti, sino que te has convertido en un amigo muy estimado para nuestra familia. No podemos agradecerte lo suficiente por tu continuo aliento y tus oraciones a lo largo de estos difíciles años. Estaremos eternamente agradecidos a ti.

Por supuesto, no podríamos escribir un reconocimiento sin agradecer a nuestros padres, que no solo nos dieron la vida, sino que también nos criaron para conocer y amar a Jesús por encima de todas las cosas. Han hecho sacrificios que nunca entenderemos por completo y nos han dado el ejemplo impresionante de un profundo amor a Cristo y a nosotros, incluso cuando no ha sido fácil. Gracias por caminar fielmente junto a nosotros: llorar con nosotros en nuestro dolor, gozarse en nuestras alegrías, orar por nosotros cuando ya no teníamos palabras para orar y apoyarnos de maneras que nunca podremos devolvérselos. Su amor y apoyo nos han sostenido más de lo que jamás sabrán. Y a nuestros hijos, Ben, Hannah, Haley y Eli, gracias por su paciencia con nosotros mientras buscamos obedecer fielmente al Señor al escribir estas páginas. Sabemos que estamos lejos de ser padres perfectos y no siempre hemos sido el ejemplo que deseamos ser, pero oramos para que siempre sepan cuánto los amamos. A pesar de nuestras fallas rogamos que el Señor abra cada uno de sus ojos para que vean y conozcan a Jesús como su Señor y Salvador, y que un día puedan ver cómo redimirá y usará cada onza del dolor y las pruebas que han sido llamados a soportar a tan temprana edad. Estamos muy orgullosos de cómo continúan perseverando a través de las pruebas, que muchos tal vez nunca sepan o comprendan. Que vuestras vidas estén marcadas por la fidelidad, la bondad, la gracia, la esperanza y el gozo de Cristo.

También queremos agradecer a Colin Smith, nuestro pastor, mentor y amigo, que ha predicado fielmente la Palabra de Dios con sabiduría y humildad cada semana. Nos has enseñado que seamos conocedores de la Palabra de Dios y que estudiemos las Escrituras a través de la lente del evangelio. Gracias por animarme (Sarah) a empezar a escribir, lo que me embarcó en una aventura que jamás hubiera imaginado, y por aconsejarnos sabiamente mientras nos aventurábamos a escribir este libro juntos. Y a los otros pastores de Orchard Evangelical Free Church, gracias por orar, apoyar y alentarnos fielmente a lo largo del camino.

Por último, a nuestros amigos y familiares, que han orado por y nos han apoyado a cada paso del camino: aunque también hay muchos a quienes agradecer personalmente, estamos muy agradecidos por su disposición a sufrir con nosotros durante estos últimos doce años, en los cuales han orado fielmente, nos han animado y amado, incluso cuando hubiera sido fácil dejar de hacerlo. Ya sea una tarjeta, una comida o el regalo de sentarse con nosotros para acompañarnos en nuestro dolor, nos han mostrado continuamente el amor de Cristo y la bendición del Cuerpo de Cristo. Estamos profundamente agradecidos por cada uno de ustedes y oramos para que sepan cuánto los amamos.

NUESTRA VISIÓN

Maximizar el efecto de recursos cristianos de calidad que transforman vidas.

NUESTRA MISIÓN

Desarrollar y distribuir productos de calidad —con integridad y excelencia—, desde una perspectiva bíblica y confiable, que animen a las personas a conocer y servir a Jesucristo.

NUESTROS VALORES

Nuestros valores se encuentran fundamentados en la Biblia, fuente de toda verdad para hoy y para siempre. Nosotros ponemos en práctica estas verdades bíblicas como fundamento para las decisiones, normas y productos de nuestra compañía.

Valoramos la excelencia y la calidad.
Valoramos la integridad y la confianza.
Valoramos el mérito y la dignidad de los individuos y las relaciones.
Valoramos el servicio.
Valoramos la administración de los recursos.

Para más información acerca de nuestra editorial y los productos que publicamos visite nuestra página en la red: www.portavoz.com.